PAIS QUE EVOLUEM

EVOLUEM

Um novo olhar para a infância

Presidente:
Mauricio Sita

Vice-presidente:
Alessandra Ksenhuck

Capa:
Fomentar Design

Diagramação e projeto gráfico:
Gabriel Uchima

Revisão:
Ivani Rezende e Rodrigo Rainho

Diretora de projetos:
Gleide Santos

Diretora executiva:
Julyana Rosa

Gerente de marketing e desenvolvimento de negócios:
Horacio Corral

Relacionamento com o cliente:
Claudia Pires

Impressão:
Impressul

Dados Internacionais de Catalogação na Publicação (CIP)
(eDOC BRASIL, Belo Horizonte/MG)

A159p	Abrahão, Telma. Pais que evoluem / Telma Abrahão. – São Paulo, SP: Literare Books International, 2020. 16 x 23 cm ISBN 978-65-86939-35-4 1. Literatura de não-ficção. 2. Educação de crianças. 3. Pais e filhos. 4. Psicologia infantil. I. Título. CDD 155.4

Elaborado por Maurício Amormino Júnior – CRB6/2422

Literare Books International.
Rua Antônio Augusto Covello, 472 – Vila Mariana – São Paulo, SP.
CEP 01550-060
Fone: +55 (0**11) 2659-0968
site: www.literarebooks.com.br
e-mail: literare@literarebooks.com.br

PAIS QUE EVOLUEM

Um novo olhar para a infância

PREFÁCIO

Como especialista em autoconhecimento e inteligência emocional há mais de três décadas, tenho tido a oportunidade e o privilégio de acompanhar as histórias de milhares de pessoas que tiveram suas vidas absolutamente transformadas por essas duas habilidades. O processo de autoconsciência, quando tomado pelas mãos com seriedade e profundidade, é capaz de promover verdadeiras revoluções. Para a minha sorte, Telma Abrahão, autora deste livro, foi uma das pessoas que tive a honra de acompanhar ao longo desta jornada.

Assim que nos conhecemos, reconheci que estava diante de alguém com imenso potencial. Como ela mesma conta mais à frente, naquele momento, preparava-se para dar uma guinada em sua vida, só não sabia exatamente em qual direção. Por isso, como costuma fazer sempre que se vê diante de um desafio, ali, mais uma vez, recorreu a toda sua tenacidade e determinação e, então, passou a trilhar um caminho de transformação pessoal que a colocou em sintonia com seu verdadeiro propósito de vida. E que trajetória inspiradora!

Sou testemunha da construção de seu sucesso. Eu a vi montar, aos poucos, um quebra-cabeça que culminaria no lançamento deste livro.

Movida por seu admirável espírito empreendedor, Telma usou suas próprias experiências de vida para compor um trabalho original e de alto impacto. Aprofundou-se no tema da parentalidade e da psicologia positiva para colaborar com a jornada de pais e mães que se veem tão constantemente sufocados por dúvidas, medos e angústias relacionados à maneira como estão criando seus filhos.

As páginas a seguir são resultado de tanta dedicação e disciplina e, posso dizer, não haveria momento mais oportuno para essa reflexão. Afinal, estamos vivendo um período de grandes transformações, em que as informações são entregues com velocidade e superficialidade. Na função de pais, especificamente, somos constantemente bombardeados por manuais, guias e gurus que prometem entregar receitas mágicas para a parentalidade perfeita. E, como se não bastasse, muitas vezes, as instruções são tão desencontradas que desencadeiam ainda mais medo e insegurança.

Por isso, acho extremamente importante reiterar que, enquanto estivermos procurando do lado de fora, não teremos paz nem autoconfiança para seguir em frente na educação de nossos filhos. Ou seja, enquanto a referência estiver no outro, o medo da crítica, do julgamento e até de errar fará com que a gente desista antes mesmo de tentar. E, pior, desista do amor-próprio e, consequentemente, do amor profundo e, às vezes, imperfeito – qual o problema? – que entregamos aos nossos filhos.

Costumo dizer que as novas gerações sempre aprimoram as anteriores e que a possibilidade de retrocesso não existe. Portanto, não tenho dúvida de que os pais de agora serão melhores que aqueles que eles próprios tiveram. Especialmente porque terão a colaboração de profissionais como a Telma Abrahão, ou seja, de líderes e influenciadores que acessaram toda sua amorosidade e inteligência emocional para apontar novos caminhos.

Antes de lhe desejar uma boa leitura, apenas gostaria de pedir encarecidamente: abra sua mente e seu coração para o fato de que não há receita mágica para a parentalidade. Nós não seremos pais ou mães perfeitos simplesmente porque, por essência, somos imperfeitos.

Então, olhe para si, reconheça e abrace suas inabilidades. Elas fazem parte de você. Ame-se incondicionalmente por quem e como você é. Esse, por si só, já é um passo definitivo e irrevogável na sua trajetória rumo à Parentalidade Positiva!

Agora, sim, boa leitura. Que seu amor e seu perdão se tornem ainda maiores ao final dessa jornada.

Heloísa Capelas,
CEO do Centro Hoffman

Dedico este livro a meus filhos, Lorenzo e Louise, que me levaram a uma grande jornada interior de aprendizado e transformação. Com vocês, aprendo todos os dias, na prática, a conjugar o verbo amar. Obrigada por me amarem, incondicionalmente, enquanto trilhava o meu caminho para me tornar uma mãe melhor.

Agradeço, com todo o meu coração, ao meu esposo e companheiro de vida, Adriano, por juntos formarmos uma família unida, onde encontro a verdadeira felicidade neste mundo.

A meus pais, pelo dom da vida e por toda a dedicação.

A vocês, meus amores, a minha eterna gratidão.

SUMÁRIO

INTRODUÇÃO

Eu era uma mãe autoritária. Também já fui permissiva e me sentia perdida, sem saber como agir para educar meus próprios filhos.

Acredite! Eu chorava, gritava e me desesperava todas as vezes em que meus filhos se comportavam mal ou não faziam o que eu achava que deveriam fazer. Eu me juntava a eles no caos e simplesmente sobrevivia dentro da loucura que eram os meus dias.

E por agir dessa forma confusa, meus filhos também ficavam perdidos, desnorteados e, consequentemente, se comportavam mal. A maternidade tinha chegado ao ponto de se tornar uma dor para mim. Eu me sentia incapaz de exercer o papel de mãe como havia sonhado um dia, ou pelo menos como eu ouvia as outras mães descreverem seus relatos de que ser mãe era algo mágico. Ok. O amor que sentia e sinto pelos meus filhos é inegavelmente maior e mais profundo do que tudo que eu já senti na vida, porém sentir esse amor não era suficiente para aliviar a minha dor de não saber como agir com eles.

Atividades simples do dia a dia, como dar banho, hora das refeições, colocar para dormir ou mesmo ir a um restaurante em família, haviam se transformado em um verdadeiro pesadelo. E eu me perguntava o tempo todo: o que será que tem de errado com os meus filhos? Por que as outras mães conseguem e eu não? Por que as outras crianças não choram para vestir roupa e as minhas sim? Onde será que eu errei? Será que estou traumatizando meus filhos? E uma lista de "serás" que só me traziam mais angústias e nenhuma solução.

Fazer essas perguntas diariamente e não encontrar as respostas simplesmente me deixava cada dia mais frustrada e desapontada comigo mesma e com os meus filhos.

Acredito, de verdade, que a maternidade acontece de forma diferente para cada mulher. Algumas mães passam de forma mais leve por esse papel. Para mim, não foi leve e acredito que tem a ver com a minha história de vida.

Eu decidi ser mãe aos 36 anos, casei-me com um homem o qual amei desde o início da nossa relação, desejei meus filhos e tomei decisões racionais com a finalidade de construir uma família equilibrada, diferente da família que vim.

Vim de um lar emocionalmente conturbado, pais que brigavam muito, apesar de se amarem e estarem juntos até hoje. Não me senti amada e acolhida quando criança pela minha mãe como eu gostaria, apesar de tê-la presente fisicamente durante toda a minha infância. Enfrentei muitos conflitos emocionais na adolescência e, apesar de ter sempre sido uma filha extremamente responsável e disciplinada, era tida dentro do meu núcleo familiar como uma "menina questionadora". Acredito que esse rótulo me foi dado porque eu causava incômodo com tantas perguntas e pelo grande desejo de compreender melhor os padrões que me eram impostos. Eu questionava as atitudes dos meus pais, dos meus irmãos e, principalmente, as minhas. E esses questionamentos incomodavam, é claro. Nem todo mundo está disposto a se olhar ou a sair de sua zona de conforto.

Desde pequena eu queria entender o mundo e as relações. Muito precocemente comecei a perceber que minhas escolhas e atitudes me traziam consequências, em muitas vezes boas, e, em outras, ruins. Aquilo me trazia culpa. Não entendia ainda o significado da palavra autorresponsabilidade. Eu me sentia culpada por tudo o que me acontecia. "Mas como que pode isso?" – meu pai me perguntava.

Como explicar ao outro uma emoção que nem eu compreendia? Só sabia que tudo o que eu sentia foi fazendo muito sentido conforme eu crescia e amadurecia. E, hoje, no auge dos meus 43 anos, eu tenho essa resposta para dar a você.

Somos seres espirituais dotados de uma força interna e uma capacidade de realização absolutamente extraordinárias. Nascemos perfeitos e dignos de receber o melhor da vida, porém o meio em que nascemos e que fomos criados moldará as nossas percepções sobre nós mesmos e sobre o mundo a nossa volta por muitos e muitos anos. Talvez pelo resto da vida para aqueles que nada fizerem para tomar as rédeas do seu destino. O que nossos pais faziam e nos diziam, quando éramos ainda uma criança, se tornará nossa verdade absoluta por muitos anos a fio.

Busquei o autoconhecimento com todas as minhas forças ao longo da minha vida, estudei e li centenas e centenas de livros em busca de respostas a tantas dúvidas que me consumiam enquanto construía as bases emocionais do meu ser, que não foram bem construídas durante a minha infância.

Quando somos criança não sabemos verbalizar o que sentimos, mas sabemos compreender com o nosso coração o ambiente que nos rodeia. Essas percepções ficam impressas em nosso ser. Chamo isso de sabedoria. É aquela parte nossa que tudo sabe, que tudo entende, mas que nossos pais nos ensinaram a ignorar em nome de uma obediência cega e castradora.

Ter me tornado mãe me levou a navegar nas profundezas do meu ser, me levou a acessar dores emocionais da minha infância que já estavam lá antes dos meus filhos chegarem, mas eu havia escondido tão bem, que eu já não conseguia mais enxergá-las, porém meus filhos sabiam como me mostrar.

Quando eu não conseguia aceitar uma crise de choro dos meus filhos sem sentir raiva, passei a entender que a raiva era minha por não ter sido acolhida quando era uma criança e não do choro dos meus filhos em si. Aquele choro apenas me remetia a um lugar de dor dentro de mim e que precisei compreender, acolher e aceitar para estar apta a acolher as emoções dos meus filhos sem sofrer.

Eu entendi que não eram meus filhos que precisavam mudar, que não eram eles o problema. Era eu que precisava mudar e me colocar no lugar de mulher e adulta que me cabia e parar de me relacionar com meus filhos a partir da criança ferida que ainda vivia em mim. Afinal, uma criança não é capaz de cuidar de outra criança, concordam?

Quando me tornei mãe, precisei enfrentar uma tempestade interior para aprender a navegar em mares calmos novamente. Só posso dizer que consegui. Não só sinto prazer na maternidade, como sinto segurança nesse lugar em que me encontro como mãe, mulher e esposa.

Entendi que uma educação amorosa e respeitosa só é possível a partir da tomada de consciência e da nossa reeducação emocional. A caminhada é longa e pode doer. Mas vai doer mais se você não tiver coragem de encarar esse mergulho em direção a sua cura interior. Rumo a evoluir e mudar. Porque sim. Tenho certeza de que você pode aprender a fazer diferente.

Venha comigo descobrir um novo olhar para a infância.

CAPÍTULO 1

DE VOLTA
À INFÂNCIA

S e chegou até aqui, provavelmente está em busca de respostas a muitas perguntas que, como pai ou mãe, você se faz frequentemente e ainda não encontrou.

Desde a concepção de um filho, muitas dúvidas, questionamentos e receios podem surgir. Serei um bom pai? Uma boa mãe? Conseguirei dar uma vida digna ao meu filho? Meu filho será inteligente? Saudável?

Bem-sucedido? E se eu não conseguir educá-lo tão bem como deveria?

Muitas vezes, nos transportamos para nossa infância e logo nos deparamos com muitas memórias, nem sempre positivas, que guardamos dessa época tão importante da nossa vida.

Lembrar o que foi bom e agradável é mais fácil, mais leve. Claro que vamos desejar repetir essa parte boa, que tivemos a sorte de viver e guardar no coração, com os nossos filhos. Mas e quando essas lembranças não são tão agradáveis assim? É inevitável mergulharmos nos aspectos negativos ou que nos fizeram sofrer. O que nos causou dor jamais queremos repetir.

Pensamos e, muitas vezes, até falamos em voz alta: "Não vou fazer com o meu filho o que meus pais fizeram comigo!".

Por que, então, quando menos esperamos nos pegamos fazendo exatamente o que prometemos não repetir? Porque tudo que nos acontece durante a infância fica registrado no nosso subconsciente como um "programa" que roda de forma automática, ou seja, mesmo sem querer, tendemos a funcionar de acordo com o modelo que vivemos nessa fase da vida.

Mudar isso nem sempre será fácil, mas, sim, possível, pela tomada de consciência e pela mudança das inúmeras crenças limitantes adquiridas quando éramos ainda uma criança. Abordaremos esse assunto com mais detalhes nos próximos capítulos.

A relação que tivemos com os nossos pais, mesmo que seja apenas dentro de nós, está na base de todas as relações que estabeleceremos ao longo das nossas vidas. Não existe coincidência. Inconscientemente, atrairemos relações parecidas com a que tivemos com eles durante a primeira infância. Relações que se pareçam com o nosso conhecido modelo, positivo ou negativo, serão mais seguras do que qualquer coisa que seja nova ou desconhecida.

Se você teve uma infância positiva, com suporte emocional dos seus pais, equilíbrio e alegria, provavelmente buscará relações que mantenham esse padrão, pois foi assim que aprendeu sobre se relacionar e amar. Porém, quando esse modelo foi tóxico, abusivo ou emocionalmente desequilibrado, a tendência é que busquemos relacionamentos que nos remetem a essas antigas emoções já conhecidas.

Um vínculo enfraquecido durante a infância com os nossos pais irá refletir em todas as outras relações que teremos ao longo da vida, inclusive na relação com os nossos filhos. O tempo todo, e mesmo sem querer, buscaremos receber dos outros o que não recebemos dos nossos pais quando éramos uma criança. Se não recebemos o amor que necessitávamos, iremos cobrar isso dos amigos, dos cônjuges, dos filhos e de todos ao nosso redor.

Nós nos sentiremos facilmente rejeitados quando os outros não atenderem as nossas expectativas infantis por amor e aceitação. E se ninguém atende a essas necessidades primárias por amor e aceitação, quem poderá nos salvar dessa dor? Apenas nós mesmos. Nosso amor próprio. E ninguém mais.

Essa projeção do que nos faltou faz com que nossas relações sejam muitas vezes tumultuadas, pois estaremos atuando desde o lugar da criança que fomos e não do adulto responsável que somos agora. Não adianta dizermos que o que passou não importa ou não nos afeta mais, se o que passou ainda nos provoca algum tipo de dor emocional, de julgamento, de desconforto. Se o passado ainda incomoda, é porque ainda existem situações para serem compreendidas e aceitas pela nossa mente consciente.

Jogar a "sujeira" para baixo do tapete não vai resolver a situação ou melhorar a sua vida, pois tudo aquilo que fica em nosso subconsciente será revelado por meio de nossas atitudes automáticas contra aqueles que mais amamos e, principalmente, contra os nossos filhos.

Encarar nossas limitações, ainda que elas nos provoquem dor e sofrimento, abre espaço para que novas sementes sejam plantadas no solo fértil da nossa vida. Abre espaço para que novas crenças tomem forma e que uma nova energia tome conta do nosso ser.

Honrar os nossos pais é ser grato por eles nos terem dado a vida. Isso não quer dizer que estejamos de acordo com o que foi feito ou que tenhamos que olhar para o que aconteceu e concordar. Mas devemos aceitar.

É um ato de coragem olharmos para a nossa história e aceitarmos de onde viemos, ainda que muitos nem tenham recordações da própria infância ou que possuam apenas recordações dolorosas e traumáticas. Mesmo assim, tudo pelo qual passamos nos fez chegar até esse nível de consciência e foi, de alguma forma, importante para o nosso crescimento pessoal.

O processo de aceitação é o primeiro passo necessário para nos libertarmos dessas amarras do passado para termos uma vida mais leve e feliz. Esse movimento certamente afetará positivamente a forma como nos relacionamos com os nossos filhos.

Agora que você já é um adulto, a única pessoa capaz de lhe oferecer o amor que lhe foi "negado" lá na infância será você mesmo. Sim, somos os únicos responsáveis por cuidar de nossas "feridas" da infância e mudar o rumo de nossas vidas por meio de novas escolhas e de novos caminhos.

E aqui está o grande poder de assumir a responsabilidade pelas suas escolhas e resultados na vida a partir de agora. O poder de transformar a sua realidade pela tomada de consciência, pela própria mudança de crenças e atitudes.

Pais feridos ferem os filhos

Essa é uma afirmação que devemos sempre levar em consideração. Muitos de nós crescemos com pais que não tinham consciência de como suas atitudes autoritárias e agressivas poderiam impactar negativamente a vida dos filhos.

Eles apenas repetiram um padrão que também foi usado com eles. Nesse modelo, muitas vezes, não éramos vistos ou levados em consideração quando tentávamos ser autênticos, mas percebíamos que éramos aceitos quando obedecíamos ou fazíamos exatamente o que esperavam de nós. E, nesse processo, acabamos nos perdendo de quem realmente viemos a ser, deixamos de olhar para dentro e paramos de confiar na nossa verdadeira essência.

Muitos foram criados e empurrados para atender às expectativas dos pais, às suas questões idealizadas e para preencher as fantasias e sonhos não realizados por eles.

Aprendemos a obedecer a ordens, a seguir o que nos mandavam fazer, por isso tantas pessoas nunca tiveram a chance de se conectar com a sua própria verdade, porque fazer isso certamente resultaria em punição.

Por isso que é tão importante interrompermos esse ciclo vicioso de educar nossos filhos como se estivéssemos usando uma "ditadura", querendo obrigá-los a se encaixar em nosso modelo de perfeição e idealização.

Quando nos tornamos conscientes de quem realmente somos, de nossas limitações emocionais, nos conectamos a nossa humanidade e fica mais fácil ver e aceitar nossos filhos como realmente são. E, sim! Eles merecem esse presente.

Seres humanos que viveram em um deserto emocional durante a infância não aprenderam a lidar com suas emoções. Muitos tiveram pais presentes fisicamente, porém ausentes emocionalmente.

Pais que não conseguiam se conectar com os filhos, porque não estavam conectados consigo mesmos. Que tinham grande dificuldade para compreender o que sentiam, portanto, também não compreendiam os sentimentos do outro e, claro que, normalmente, quem sofre as consequências dessa falta de consciência são os filhos, a parte mais frágil dessa relação.

O que falta nesses adultos? Falta conexão, um olhar afetuoso para dentro de si, compreensão, aceitação, levar em consideração a sua verdade interior, aceitar a própria vulnerabilidade, questionar os padrões aprendidos e a aprender a se amar de forma incondicional, mesmo quando tudo parece ir de mal a pior.

Como resultado de uma educação rígida e autoritária, eles entenderam que não eram dignos ou merecedores de amor incondicional, pois eram punidos e castigados quando cometiam erros, muitos eram maltratados e humilhados quando não obedeciam cegamente a seus pais.

Então, se os próprios pais que supostamente deveriam amar de forma incondicional não o fizeram, como aprender a se aceitar e a se amar incondicionalmente? Um grande desafio realmente.

Mudar essa dinâmica é fundamental e urgente para que seja possível iniciar um processo de cura. Como adultos, podemos fazer uma escolha consciente de aprender a se tratar de outra forma, a escutar e validar as próprias necessidades e atendê-las sempre que necessário.

Essa caminhada é individual e intransferível. Enquanto não nos modificarmos internamente, não mudaremos positivamente a relação com os nossos filhos e com mais ninguém.

Se, por medo da dor, optarmos por permanecer onde estamos, sem assumirmos a responsabilidade de mudar e de transformar as nossas vidas, estaremos, então, sendo responsáveis por repassar essas "feridas" infantis de geração em geração. Isso também é uma escolha e não um acaso do destino. Tornar-se responsável pelos nossos resultados dói, mas é o único caminho possível para a mudança que tanto desejamos ver em nossas vidas.

As emoções reprimidas, ignoradas e negadas durante a infância não desapareceram

Talvez você se lembre de ter sido uma criança que se sentia incompreendida pelos seus pais, reprimida, criticada ou simplesmente se lembra de desejar ter recebido mais amor e atenção.

Por mais que essas memórias não sejam as mais felizes, elas podem ajudá-lo positivamente como pai ou mãe. Veja essas lembranças como uma oportunidade, como um guia que pode lhe permitir dar um passo atrás, reavaliar a situação e modificar suas atitudes.

Todas as emoções reprimidas, ignoradas e negadas durante a nossa infância não desapareceram. Elas foram armazenadas no nosso subconsciente e, durante a vida adulta, se manifestam em forma de reações emocionais automáticas contra nossos parceiros, amigos, irmãos, colegas de trabalho e, acima de tudo, contra as pessoas mais inocentes que conhecemos: nossos filhos.

São essas reações emocionais, automáticas e negativas, que fazemos sem pensar, as causadoras do maior estrago nas nossas relações humanas. E sabemos disso, quando, em um ato impulsivo e impensado, explodimos e ofendemos ou magoamos as pessoas que mais amamos. Isso para um minuto depois nos arrependermos e termos que voltar atrás e nos desculparmos por algo que poderíamos evitar se tivéssemos mais consciência e controle sobre nossas emoções.

O que precisamos, de fato, é ser emocionalmente honestos para reconhecermos nossos limites, dificuldades e pontos fracos, buscando ajuda sempre que necessário. Está tudo bem não conseguir fazer tudo sozinho. É importante estar consciente, aceitar as próprias falhas e ter humildade para reconhecer que, muitas vezes, você também errará. E faz parte.

Temos em nossas mãos a oportunidade de aprender a fazer diferente e de mudar a história das próximas gerações, simplesmente alterando os padrões negativos e dando o nosso melhor para deixarmos filhos mais capazes, bem resolvidos, felizes, amados e melhores para o mundo. Então, por que não?

Aprendemos com as gerações passadas

Por que quando as crianças erram precisam ser castigadas por isso? Será que alguém aprende algo de verdade por meio do medo ou da punição? Inúmeras pessoas cresceram traumatizadas, com problemas sérios de autoestima e com distorções em seu senso de capacidade por excesso de castigo e de punição na infância.

Muitos vão dizer: "Ok. Meus pais me bateram, me castigaram e hoje sou uma pessoa de bem". Certo. Acredito. Mas a que preço? O quanto você precisa se esforçar para acreditar que é merecedor do melhor da vida? Suas relações humanas são saudáveis? Realmente acredita que merece ser amado? Como é a sua autoestima? E a capacidade de se conectar com o outro?

Olhar para dentro de si é um exercício, por vezes, muito difícil, mas necessário. Lembre-se de que todas as atitudes que nossos pais tiveram foram com boas intenções e não podemos culpá-los por não terem sido como gostaríamos.

Eles também carregaram uma bagagem emocional e uma história de vida. Hoje, com a maturidade de adultos que somos, podemos compreender perfeitamente a dinâmica familiar na qual fomos inseridos e optar por mudar de agora em diante.

Somos seres verdadeiramente autônomos quando nos tornamos adultos. Podemos fazer escolhas e tomar novos rumos para construir uma nova história. Se você não acredita nisso, talvez ainda não tenha cortado o "cordão umbilical" e tem se mantido preso aos antigos padrões familiares, que podem até trazer dor, mas são conhecidos e aparentemente mais seguros do que se arriscar em um novo caminho.

Como conseguir mudar, evoluir e aprender novas formas de se relacionar com o mundo se não tiver a coragem de confiar que você é, sim, capaz de realizar seus mais ousados sonhos? Faça uma escolha consciente. O que você prefere? Vencer a si ou permanecer de maneira acomodada em um lugar de dor e desesperança pelo simples medo de tentar?

Os filhos são como espelhos

Eles podem não conhecer nossas dores, de forma consciente, mas sentem e respondem a elas de forma que, muitas vezes, não conseguimos entender. Se você estiver chateado, nervoso ou irritado com alguma situação, mesmo que tente disfarçar o que sente, não conseguirá escapar da percepção das crianças.

É como se estivéssemos conectados, nesse caso, uns aos outros, por um fio invisível que nos une. Os filhos não fazem isso de forma intencional, mas acabam captando o nosso desconforto e reagem a isso.

Nesses momentos, é importante olhar para dentro e questionar-se. O que minha imagem anda refletindo? Tenho passado uma imagem positiva, feliz e bem resolvida? Ou uma imagem pesada, negativa, cheia de conflitos e difícil de conviver?

Entendendo esse reflexo na vida real

João foi brincar na casa do amigo Arthur. Eles foram brincar com videogames. Na hora do lanche, sentados diante do copo de leite e dos biscoitos que a mãe de Arthur serviu para os dois, ele não quis tomar o leite preparado pela mãe. Sem a presença dela, ele derramou sobre a mesa o copo com a bebida. João não segurou o riso, achou muito engraçada a atitude de Arthur. E eles riram muito!

João esqueceu esse fato e os dias transcorreram normais para ele. A mãe de João, extremamente obsessiva com os cuidados e a limpeza da casa, mantinha o filho sempre bem arrumado e com roupas extremamente limpas, que eram constantemente trocadas ao menor sinal de qualquer sujeirinha. Ele estava habituado a esse sistema.

Para ela, algum sinal de desordem ou sujeira era motivo de estresse. Havia por trás desse comportamento uma história de educação rígida e que despertava imenso sofrimento se perdesse o controle de qualquer situação em seu lar.

Em uma tarde, João recebeu o lanche da mãe. Um copo de leite com chocolate, como ele gostava. Sentado na cadeira sob a mesa da sala de jantar, ele comia o sanduíche e olhava para aquele copo de leite.

Lembrou-se de Arthur e começou a derramar o copo lentamente sobre a mesa de vidro. Ele estava achando muito engraçado. Foi aos poucos, até completar o derrame por completo. Aquele leite com chocolate escorreu para cima de outras cadeiras e acabou chegando ao tapete branco no chão. João saiu correndo e foi para seu quarto, com medo do que poderia acontecer quando sua mãe visse aquela bagunça.

Você pode imaginar o que aconteceu com a mãe de João? Ela quase surtou! A raiva que ficou de seu filho foi enorme. Simplesmente não conseguiu se relacionar com ele por uns bons dias. Não pode esconder tamanha decepção com o que aconteceu. Evitava estar com o filho como era de costume. João sentiu o desamor da mãe, mas não foi capaz de entender como ela dava mais importância às cadeiras e ao tapete da casa do que para ele.

A partir dessa experiência, ele começou a colocar em prova o amor da mãe. Sempre que podia, ocasionava situações para um "jogo de braço", sendo descuidado com a organização da casa. De forma inconsciente, estava em busca de receber a atenção da mãe, mesmo que de forma negativa.

Para a mãe, que não estava compreendendo a mudança de comportamento do filho, somente mostrava seu sofrimento e sua angústia com os brinquedos espalhados pela casa e outras atitudes de desorganização. Os conflitos começaram a se intensificar e João se sentia cada vez mais rejeitado.

Você consegue perceber o lado emocional de cada uma das partes? A mãe de João não tinha consciência da dinâmica do comportamento do filho. Somente percebia a própria dor. Como ela poderia compreender o contexto dele se estava enraizada em seu modo de funcionamento padrão? Afinal, a vida toda, desde sua infância, foi estruturada nesse modelo crítico que julgava, reprimia e castigava quando as coisas não saíam como o esperado por ela. Era mais fácil buscar controlar o comportamento do filho do que aprender a controlar as próprias emoções.

Essa história do João e sua mãe retrata bem a importância do autoconhecimento, de identificar crenças e de aprender a compreender o funcionamento de uma criança.

Se a mãe de João tivesse a capacidade de perceber o que estava por trás das atitudes do seu filho nos últimos tempos, poderia resolver essas questões. Mas ela estava totalmente focada em seus sentimentos. Não se esforçou para questionar-se sobre suas limitações e ainda acreditou que estava totalmente correta.

Percebeu a importância desse olhar para as relações entre pais e filhos?

Mergulhe em sua história e encontre pontos de conflitos que podem ser facilmente resolvidos com um simples olhar de mais empatia ou mudando a forma de ver a mesma situação.

Quem sabe você pode começar perdoando a seus pais? Ou mesmo a si pelas falhas cometidas, mas que são normais e nos tornam humanos? Os erros são grandes oportunidades de aprendizado e precisamos internalizar isso de fato.

Chegar a esse patamar requer um entendimento sem julgamentos e aceitação do nosso passado exatamente como ele foi. Podemos e devemos nos libertar e evoluir. Não precisamos repetir o que nossos pais fizeram e, muito menos, desejarmos ser iguais a eles. Somos únicos e nossos filhos também.

A importância de buscar as mudanças necessárias para se amar

Definir amor é complexo. Considere esta possibilidade:

"O amor é o fluir, a entrega, o transbordar do coração e da alma de bondade emocional, primeiro para você mesmo e depois para os demais a sua volta." (Bob Hoffman)

Nós somente somos capazes de dar amor se o tivermos recebido e sentido, caso contrário essa capacidade estará ausente. O verdadeiro amor não espera nada em troca. Por isso, é importante gostar-se e aceitar-se em primeiro lugar, pois, dessa forma, ele irá existir realmente dentro de você.

Gostaria de convidá-lo a fazer algumas reflexões importantes que podem ajudá-lo na busca dessas mudanças frente aos seus desafios.

1) Você foi uma criança que se sentiu amada e desejada pelos seus pais?

Quando não nos sentimos verdadeiramente amados, qualquer situação pode ser suficiente para causar um desequilíbrio emocional e, geralmente, carregamos um fardo pesado diante da vida, nos sentindo diminuídos com facilidade ao menor sinal de rejeição. Todo e qualquer "não" pode ser interpretado como um "não gosto de você". Se um filho não atende a sua expectativa ou contraria seus princípios, você pode não se sentir amado, pelo menos naquele momento.

2) Era rotulado no seu núcleo familiar?

Muitas crianças são "taxadas" na infância: "o divertido", "o que traz problemas", "o chamador de atenção", "o obediente", "o rebelde", "o julgador", "o destemido", "o aventureiro", "o inteligente" e por aí vai. E, mesmo sem perceber, você pode estar carregando essa marca até hoje. Os rótulos não definem quem somos e devemos buscar nos livrar deles.

3) Outro aspecto importante é sobre como era a sua dinâmica familiar. Quais problemas estavam presentes?

Você ainda carrega a angústia dos aspectos financeiros, por falta ou excesso de dinheiro? Havia ou não estabilidade profissional dos pais? E a relação entre eles era harmoniosa ou desrespeitosa? Seus pais eram exigentes ou permissivos? Quais eram as inseguranças que tinha? Você era punido? Existia o filho protegido ou o privilegiado? Havia fidelidade entre os pais?

Todas essas perguntas podem ajudá-lo a ter uma melhor compreensão de si no caminho do autoconhecimento. Quais aspectos você ainda segue repetindo compulsivamente até hoje?

Saiba que não é mais preciso agir assim. Você pode tomar consciência e decidir mudar.

Se a infidelidade foi uma das dores no casamento de seus pais, hoje é possível optar por não vivenciar mais uma situação como essa. Se o dinheiro trouxe instabilidade, você pode ir à busca de um planejamento para sair desse labirinto.

Amar não é sofrer. O amor é benigno e precisamos ressignificar tudo o que aprendemos sobre ele durante a nossa infância. Muitos pais podiam dizer: "Estou te batendo porque te amo", "Você está de castigo porque quero o melhor para você". E, assim, tantos cresceram acreditando que amar é sofrer porque aprenderam com seus pais que esse sentimento tem a ver com a dor. Já sabemos que o ser humano aprende melhor pelo amor e não pela dor.

Mas, sim, podemos ressignificar nossa história de vida, modificar padrões e viver com maior plenitude. Dessa forma, teremos mais chances de deixar um legado de paz, respeito e prosperidade para os nossos filhos.

Nossas crenças são formadas na infância

Formamos nossas crenças sobre o mundo, as pessoas e quem somos durante a infância. O quanto nossos pais nos fizeram acreditar que éramos boas pessoas, capazes e merecedoras de grandes feitos? Você acredita na capacidade de realização dos seus filhos?

Percebe como muitas das crenças limitantes que temos hoje foram herdadas de nossos pais e avós? E, sim, elas precisam ser quebradas e desconstruídas.

É muito importante compreendê-las melhor, porque o poder delas em nossas vidas é inquestionável. Elas moldam os pensamentos, determinam as reações emocionais e interferem na nossa realidade. Quando alteramos as crenças, alcançamos novos resultados.

Vamos falar um pouco sobre as principais crenças que nos impedem de nos realizarmos. Segundo a programação neurolinguística, algumas delas são fundamentais e impactam a nossa vida: as de valor próprio, de senso de capacidade e de merecimento.

Juntas, elas são a base das nossas escolhas e das tomadas de decisões pessoais, profissionais, emocionais e materiais que fazemos. Todas as decisões que tomamos ou deixamos de tomar estão relacionadas ao que acreditamos sobre nós mesmos e sobre a vida.

A crença de valor próprio se refere à construção da base do nosso ser. E essa percepção de nós mesmos determina a qualidade do nosso diálogo interno e a relação que teremos conosco. Ela demonstra se me amo, se me aceito ou não. Interfere no seu senso de valor próprio, na sua autoimagem e impacta a qualidade de suas relações humanas com amigos, no trabalho e no seu núcleo familiar.

Tudo que vimos, ouvimos e sentimos na infância até a puberdade contribuiu para definir as crenças, limitantes ou não, a respeito do nosso valor próprio. Se, durante a nossa infância, sentíamos que não éramos importantes, que não tínhamos voz ou nos fizeram crer que os outros eram melhores do que nós, a tendência será sempre buscarmos relacionamentos que repitam o padrão que conhecemos. Muitas vezes, acabamos procurando, inconscientemente, por pessoas que nos despertam os mesmos sentimentos.

Podemos nos sentir facilmente atraídos por relacionamentos tóxicos ou abusivos.

No entanto, se fomos amados, encorajados e valorizados por nossos pais, teremos crenças positivas a nosso respeito, então a autoestima e o senso de valor próprio estarão presentes e elevados. E buscaremos desenvolver relacionamentos saudáveis com pessoas que nos valorizem e nos tratem bem.

A crença de senso de capacidade se refere ao quanto nos sentimos capazes de fazer e de realizar nossos projetos de vida. Ela é determinada pelo que acreditamos que somos capazes de fazer. O nosso potencial de realização é impactado pela crença de valor próprio. Então, não basta ver a si como uma pessoa valorosa, inteligente e dedicada, se não acreditar que é capaz de realizar o que deseja. Essa crença nos habilita para a ação e para a concretização dos nossos desejos, com confiança e determinação.

A crença do merecimento se refere a construir, a plantar e a colher. O quanto você sente que merece o melhor da vida? "Eu realmente mereço ter tudo o que desejo?".

Quando temos uma forte crença de valor próprio, adequada e alinhada com a crença de senso de capacidade, naturalmente passamos a construir a crença de merecimento: "Sim. Merecemos conquistar nossos desejos!".

A pessoa com crenças limitantes de merecimento possui o terrível vício de se autossabotar: destrói relacionamentos, não termina o que começou, perde o que conquistou precisando sempre recomeçar. Possui dificuldade em receber elogios, presentes e de pensar em grandes vitórias. Pode até conseguir o que deseja, mas sempre dará um jeito de "jogar fora" o que construiu e sabotar os seus planos, para provar, mesmo que inconscientemente, que não era realmente merecedora.

A maioria delas foi programada ainda na infância, mediante o tratamento e as experiências recebidas por pai e mãe ou pais substitutos. A boa notícia, porém, é que tudo o que vivemos no nosso passado foi aprendido. E, se parte disso não foi bom, podemos reaprender, independentemente da idade, programando novas crenças sobre o nosso ser e nossa verdadeira capacidade de realização e merecimento. Nos próximos capítulos, veremos como dar os primeiros passos nessa direção.

Construindo a infância dos nossos filhos

Imagine que a relação com as suas crianças seja como uma página em branco e a cada minuto você decida escrever as linhas que quiser, no formato de letra que determinar, do tamanho que desejar e na cor que escolher. Trazendo esse pensamento para a realidade da vida, compreenda a sua liberdade para tomar decisões, agir, falar e fazer o que deseja na relação com seus filhos, porém nunca se esqueça de que todas as atitudes tomadas terão consequências, negativas ou positivas.

Pare e reflita por um momento. Avance alguns anos no tempo. O que seu filho diria sobre você daqui a vinte anos?

Imagine que ele seja um adulto e está jantando fora com os amigos. A discussão leva a memórias da infância. O grupo compartilha histórias de vida e ele diz: "Quando eu era criança, minha mãe/meu pai sempre...". E, então, imagine que o tempo pare! Você espera. O que seu filho diria? Quais lembranças teria?

São agradáveis e felizes que despertam garra e coragem? Ou são tristes e dolorosas que magoam e entristecem?

Se você percebeu que a atual realidade do seu dia a dia não é o que gostaria que seus filhos tivessem como memórias, então será necessário fazer algo rápido para mudar, pois a infância passa voando e você não terá uma segunda chance para passar a limpo essa fase da vida dos seus filhos.

O que decide fazer? E o que pode começar a colocar em prática hoje mesmo para mudar essa realidade?

Pais que evoluem

Sim. Você pode mudar, eu sei e confio na sua imensa capacidade de aprender a fazer diferente! Mas, independentemente do que deseje começar a fazer a partir de hoje, quero que se lembre das sábias palavras do famoso psiquiatra Carl Jung: "Conheça todas as teorias, domine todas as técnicas, mas ao tocar uma alma humana, seja apenas outra alma humana".

Eu desejo que nossas almas possam, verdadeiramente, se tocar ao longo deste livro!

CAPÍTULO 2

A IMPORTÂNCIA DE SE AUTOCONHECER

Se eu consegui, você também consegue

Quem me conhece hoje não imagina o tamanho da transformação que eu passei, como mãe, nos últimos anos. "Ah! Mas como você consegue ter tanto autocontrole?", "Nossa! Como isso que você me ensinou realmente funciona!", "Você não deve saber o que é gritar com um filho!". Essas são algumas das frases que escuto com frequência.

Sim, eu sei o que é gritar com um filho e ficar nervosa a ponto de querer sair pela porta e não voltar mais. Também sei o que é querer parar uma briga entre irmãos e se sentir incompetente para fazer isso. Todo esse caos era parte do meu dia a dia antes de começar a compreender o que me levava a perder o autocontrole tão rápido.

Comecei essa caminhada para aprender a ser uma mãe mais tranquila, segura, assertiva e encontrar leveza e prazer nesse papel que estava difícil demais, mesmo amando os meus filhos com todo o meu coração.

Precisei compreender que a mudança, que queria ver nos meus filhos, estava dentro de mim. Eu estava mirando o alvo errado. O problema não eram minhas crianças, mas, sim, a minha forma de me relacionar com elas.

Quando percebi o que precisava fazer para colher novos resultados na minha vida familiar, fiquei encantada. Apaixonei-me por essa caminhada transformadora de uma maneira muito além do que eu poderia imaginar e ajudar outros pais foi consequência natural da minha evolução como mãe. Então, tenho certeza de que, se eu consegui mudar, você também consegue.

Minha jornada de autoconhecimento

Eu fui uma criança muito questionadora, que fazia diversas perguntas e buscava respostas para todas as minhas dúvidas sobre a vida e o mundo. Lembro de me sentir embaraçada com a quantidade de perguntas que fazia aos meus pais. Realmente eram várias! Tinha uma percepção muito maior do que os adultos ao meu redor podiam imaginar.

Quando meus pais tinham alguma discussão, conseguia ter uma grande noção de que aquilo não era positivo para toda a pureza infantil que carregava dentro de mim. Eu me afligia muito com situações de desentendimento entre eles e pensava: *"Não gosto de brigas e discussões. Quando eu crescer, não vou querer viver assim".*

Minha mãe sempre dizia que me amava muito, mas eu não conseguia perceber esse amor vindo em minha direção. Veja a importância de levar em consideração a forma com que uma criança recebe e percebe o amor. Apenas dizer não é o suficiente para criar a conexão que uma criança tanto necessita. As atitudes na infância valem mais do que mil palavras. À medida que minha mãe gritava, brigava e agia com muito autoritarismo, eu me sentia como se não fosse importante ou boa o suficiente para ela, e essa sensação me entristecia.

Então, quando percebia que determinadas atitudes e formas de pensar não estavam em sintonia com os meus sentimentos ou pensamentos, eu acabava me reprimindo para evitar conflitos ou para não me sentir rejeitada por ela.

Esse movimento da criança, de querer ser aceita e amada pelos pais, faz com que ela acabe se encaixando nos moldes implicitamente impostos dentro da família, e é assim que começamos a nos desconectar da nossa verdadeira essência. Na tentativa de buscar amor e aceitação, durante a nossa infância, acabamos cedendo às expectativas de nossos pais e abrindo mão de quem realmente somos.

Meu pai sempre foi uma presença amorosa nos meus dias, mas durante a minha infância quase não nos víamos, pois ele sempre amou trabalhar e dedicava a maior parte de sua vida a isso. Eu sentia muita falta dele. Quando chegava em casa ao final do dia, eu já estava dormindo e não tinha a oportunidade de passar um tempo de qualidade com ele. Isso mudou quando cresci, mas foi assim por muitos anos, enquanto eu era uma criança.

Minha família possuía muitos recursos financeiros, mas pouca presença emocional. Cresci com excesso de coisas materiais e falta de afeto e compreensão. Nenhum presente ou coisas materiais substituem a presença amorosa de um pai ou de uma mãe. E eu me sentia solitária e incompreendida durante a infância.

Com o tempo, fui crescendo, desenvolvendo a personalidade, me autoafirmando e, na adolescência, entrei em conflito com as pessoas ao meu redor em busca da minha verdade e de minha voz. Quem sou eu? O que realmente quero? Do que realmente gosto?

Tinha muitas dúvidas sobre o meu ser, a respeito do que eu queria para a minha vida profissional. Entrei na faculdade de Biomedicina aos 17 anos, com o desejo inconsciente de "agradar minha mãe". Só fui descobrir isso na terapia, anos depois de formada. Ela sempre falava do quanto ficaria feliz em ter uma filha na área médica, então acreditei que assim receberia o amor e a aceitação que sempre busquei receber dela. Achei, naquele momento, que esse seria o melhor caminho para a minha vida. Eu me formei aos 21 anos, mas não me via satisfeita com a escolha que havia feito.

Amava todo o conhecimento adquirido, mas não me sentia em paz com a minha escolha profissional. Após quatro anos de formada, e atuando na área, decidi retornar à faculdade. Sentia que precisava ir atrás da realização que desejava. E, sem compreender bem os mecanismos que me empurravam para essa decisão, decidi cursar Administração de Empresas para "agradar o papai", que, como bom filho de libaneses, achava que eu deveria ser dona do meu próprio negócio.

Ainda não tinha encontrado o meu propósito de vida, pois estava presa em buscar, mesmo que de forma inconsciente, a aprovação de meus pais e não a minha verdadeira vocação.

Vivia me perguntando: qual a minha missão de vida? Qual o meu dom? Essas duas formações me abriram portas, me trouxeram um conhecimento maravilhoso, mas não me proporcionaram a realização de vida que eu tanto sonhava em ter.

Na minha jornada como administradora, passei mais de dez anos trabalhando na área de gestão financeira, ajudando médias e grandes empresas a crescerem e a aumentarem seus lucros. Viajava de segunda a sexta a trabalho, tinha conquistado a liberdade financeira que tanto sonhava, mesmo assim sentia que ainda faltava algo. E hoje entendo o que era. Faltava encontrar o meu propósito de vida; o brilho nos olhos de quem acorda e vai dormir pensando em cumprir sua missão aqui nesta breve passagem pela Terra.

Eu me sentia sozinha no trabalho que executava, era como uma formiga atômica que trabalhava sem parar, mas não conseguia construir vínculos afetivos com ninguém. Tinha receio de criar vínculos, sentia medo de me entregar a um relacionamento.

Vim de um modelo de muitos desentendimentos e falta de equilíbrio emocional na relação dos meus pais. E como eles brigavam bastante na minha frente, isso me causou um grande "bloqueio" em relação ao casamento. Jurei para mim mesma que jamais iria querer casar ou ter filhos, pois eu não gostava da dinâmica da minha família e não desejava viver daquela forma tão conflituosa quando me tornasse adulta.

Durante muitos anos, segui repetindo essa afirmação como um mantra: "Não vou casar e nem ter filhos". Sabotei 100% dos relacionamentos que

tive, na tentativa de provar para mim mesma que casar não podia dar certo para ninguém. E essa foi a minha verdade por muito tempo.

O mergulho nas minhas dores emocionais

Meus 35 anos foram um marco. Sentia-me madura, segura e pronta para mudar tudo aquilo que ainda não estava bom. Não sabia muito bem como, mas confiava que acharia o caminho capaz de me levar às mudanças pessoais tão buscadas. Certo dia, batendo papo com uma amiga muito querida, e ao compartilhar minhas angústias sobre a vida, ela me disse: "Você precisa conhecer o curso de autoconhecimento que fiz". Perguntei do que se tratava e, quando escutei a resposta, imediatamente percebi ali um caminho. Era o que eu procurava e me ajudaria a encontrar uma explicação a meus comportamentos sabotadores, que simplesmente não conseguia mudar.

Decidi mergulhar nessas dores que carreguei por muitos anos sem conseguir compreendê-las. Parei para analisar o número de vezes que repetia a mesma historinha para mim mesma na tentativa de me enganar, mas a verdade estava lá, bem diante de mim, e eu não podia mais fingir que não via. O meu enorme medo de amar, de me entregar e de me ferir que carregava desde a infância eram evidentes e já não podia mais negar.

Enchi-me de coragem e me inscrevi para participar do maior curso de autoconhecimento do mundo, o processo Hoffman. Durante sete dias intensos, tive a oportunidade de passar a limpo a minha infância, de zero a 12 anos de idade. Uau! Que experiência fantástica! Simplesmente recomendo para todos os seres humanos. Desse curso em diante, entendi tudo o que me paralisava e uma nova vida começou. Muito mais plena, serena, leve e feliz. Pela primeira vez, senti a alegria de não ter mais angústias para administrar.

Saí de lá com a certeza de que queria, sim, construir minha família e ter filhos. Sempre desejei, só tinha medo de assumir que me sentia incapaz, não sabia como agir para atingir esse objetivo, pois eu sempre dava um jeito de me sabotar no meio do caminho. Terminei o processo com a certeza de que não precisava mais seguir repetindo um ciclo vicioso de amor e dor e nem repetir o modelo internalizado por mim durante a minha infância.

A partir daquele momento, eu sabia que, mesmo não vindo de um lar emocionalmente equilibrado, poderia fazer a minha parte para que uma família equilibrada viesse de mim, e foi isso que eu fiz sem esperar mais.

Depois desses sete dias, abri espaço para que o amor e sua benignidade pudessem abundar em minha vida. Pouco tempo depois, reencontrei meu atual esposo, que já conhecia há oito anos, mas só se tornou meu namorado naquele momento. Trabalhamos juntos durante anos sem nunca olhar um para o outro com segundas intenções. Descobri que o amor da minha vida estava bem ao meu lado e eu nunca havia percebido. Tomei a coragem necessária para dar esse passo, que era tão temido por mim. Nós nos casamos após seis meses de namoro e começamos a construir a família equilibrada com a qual sonhamos juntos.

Tive a sorte de encontrar um companheiro que estava aberto a evoluir. Atendendo ao meu pedido, ele também participou do processo pouco antes de nos casarmos, e que bom que foi assim. Pudemos começar nossa história juntos muito mais conscientes e capacitados emocionalmente para fazer nossa relação dar certo. E seguimos juntos compartilhando o amor, a cumplicidade, o companheirismo e o respeito que nos uniu desde o começo.

A linda frase de Mario Quintana, a seguir, define muito bem o que é o amor equilibrado que eu busco para a minha vida: "As pessoas não se precisam, elas se completam... não por serem metades, mas por serem inteiras, dispostas a dividir objetivos comuns, alegrias e vida".

Quando mudei minhas crenças, aceitei minha história de vida e compreendi como as dores da infância ainda afetavam as minhas decisões, pude mudar o rumo da trajetória que escrevia e construir uma nova realidade. Eu realmente acredito que esse processo de se autoconhecer é eterno, mas existe um momento em que você vira a chave, entende quem é, reconhece o seu valor e tudo o que é capaz de realizar.

Quando compreendemos isso, conseguimos cortar aquele "cordão" que nos mantinha ligados aos nossos pais, reconhecendo que já somos adultos, independentes, e que podemos, sim, fazer novas escolhas, tomar decisões e recuperar o controle da vida, porque descobrimos que o maior inimigo era a nossa inconsciência, assim como o medo de ver a verdade sobre nós mesmos.

O encontro com a minha missão de vida

Descobri o meu propósito em uma fase tumultuada da maternidade. Explico nas linhas a seguir.

Quando meu primeiro filho nasceu, decidi parar de trabalhar. Não queria seguir aquela vida louca de viagens corporativas. Não via sentido em me tornar mãe e não estar perto do meu menino. Então, optei por mergulhar totalmente no papel mais importante da minha vida.

Amei segurar meu bebê e cuidar dele com todo amor. Eu me sentia muito feliz com a vida, havia amadurecido, estava serena como nunca tinha sido, casada com o homem que amava e era um grande companheiro. Eu me sentia realizada. A maternidade me trouxe uma alegria enorme. Logo, desejei ter o segundo filho.

Para minha surpresa, depois de um mês já estava grávida. Que maravilhoso. Minha filha nasceu e a felicidade só aumentou. Finalmente me vi rodeada de amor e vivendo a realização de ter a família feliz que tanto sonhava.

Mas, após alguns meses, começaram as dificuldades com meu primeiro filho. De repente, me dei conta de que eu tinha dois bebês para cuidar ao mesmo tempo e, o que parecia ser um sonho, começou a se tornar um grande desafio.

Meu filho mais velho solicitava muito a minha atenção. Ele tinha ciúmes da irmã e eu não conseguia dar atenção de qualidade para os dois da forma que mereciam. Com o tempo, minha caçula foi crescendo e demonstrando ter uma personalidade tão forte que me deixava perdida, sem saber como agir.

Quando ela chegou, eu era mãe de um menino lindo e fácil de lidar, que era fácil de amar. Eu ainda não sabia que tinha tanto para aprender sobre autocontrole, a respeito de minhas próprias limitações e sobre desenvolver uma paciência que jamais imaginei ter. Ela me tirava do sério e eu tinha vontade de "desaparecer" por não saber o que fazer com os constantes choros para ter todos os seus desejos atendidos. Ela batia o pé e não fazia as coisas do jeito que eu queria.

Meu mais velho assistia a tudo isso e acabava se sentindo "abandonado", pois eu passava a maior parte do tempo lidando com os desafios comportamentais da minha caçula. Chegou um momento em que eu tinha os dois querendo colo e chorando ao mesmo tempo diante de qualquer frustração. De repente, vi minha vida de mãe se tornar um verdadeiro caos.

As crianças choravam, resmungavam, não faziam o que eu pedia, me solicitavam o tempo todo e eu simplesmente não sabia o que fazer a não ser gritar e pedir para pararem com aquilo. De repente, até as tarefas mais simples do dia a dia, como dar almoço, dar banho ou trocar de roupa, se tornaram muito difíceis.

E eu me perguntava o que tinha acontecido com o meu sonho de ter uma família equilibrada. Simplesmente não sabia o que fazer ou como agir para conseguir lidar com os desafios comportamentais dos meus filhos. Eu ia dormir triste e desapontada comigo.

Para educar com assertividade, não basta se autoconhecer. Claro que ajuda, e muito, mas educar bem vai além. Também não basta usar só o instinto. Engravidar, ter um filho, amamentar, cuidar e proteger são atos naturais, mas educar não. Se educarmos por instinto, vamos errar, e muito. Educar exige conhecimento sobre como ajudar uma criança a se desenvolver com todo o potencial que ela possui. E isso ninguém nos mostrou como fazer.

As pessoas só me falavam que ser mãe era muito bom, o quanto tinha de maravilhoso, que era o maior amor do mundo. E, sim, é grande mesmo, mas como agir quando as crianças não querem fazer o que pedimos?

Qual atitude tomar quando elas não se comportam em um *shopping*, no parquinho ou em um restaurante? Como que ninguém nunca me ensinou isso? Eu não queria castigar, nem ser autoritária, desejava muito conseguir ser respeitosa e assertiva, mas como?

Eu realmente não sabia como agir. Nunca tinha me relacionado com crianças dessa forma tão intensa. E, por não saber o que fazer, simplesmente olhava para meus filhos e me sentia muito triste com minha incapacidade de lidar com eles da maneira respeitosa que desejava. Minha consciência mostrava que não deveria agir daquela maneira, porém eu não tinha repertório para fazer diferente.

Eu estava muito frustrada por não conseguir ser uma mãe mais calma. Ficava desesperada e, ao mesmo tempo, me sentia muito só. Para quem ia falar tudo o que eu estava sentindo sem ser julgada ou condenada?

Junto a todas essas emoções conflituosas que a maternidade me trouxe, comecei a sentir falta de ficar sozinha, do meu trabalho, da minha vida social, e eu estava 100% do meu tempo mergulhada no papel de mãe. Estava buscando encontrar o equilíbrio para tudo isso dentro de mim. Eu queria dar o meu melhor, desejava fazer tudo dar certo, mas não sabia como.

Ninguém nunca me falou que ia ser tão difícil educar, que crianças fazem "birra", que elas não obedecem, que os irmãos vão brigar, que você vai demorar anos para voltar a conseguir ter uma refeição em paz, que não vai conseguir ir ao *shopping* sem ter uma criança fazendo mil e um pedidos.

Comecei a me deparar com essa realidade e foi muito frustrante, porque eu queria ser uma ótima mãe. Mesmo com toda minha força de vontade e tomada de consciência, ainda não sabia como agir de forma respeitosa e assertiva com meus filhos.

E toda essa dificuldade se acentuou quando, por motivo de trabalho do meu esposo, fomos transferidos para os Estados Unidos. Eu não tinha nenhum apoio, sequer a família por perto, não havia ajudante.

Eu não tinha ninguém!

De repente, me vi em outro país com dois filhos pequenos, cuidando de casa, de comida, de roupa, e o marido fora trabalhando o dia inteiro. Essa nova realidade, que aparentemente seria uma ótima oportunidade para nós, tinha se tornado muito pesada para mim.

Eu não conseguia fazer nada sem ter uma grande dose de estresse e pisava em ovos para evitar qualquer conflito com os meus filhos. Até que, um dia, estava em casa tão exausta com a minha rotina de mãe que, pela primeira vez, pensei: "Preciso aprender algo novo. Alguma coisa que eu ainda não sei! Não é possível, devo estar fazendo algo muito errado e preciso descobrir o que é! Se eu não entender o que preciso mudar, simplesmente vou fracassar como mãe". Tinha a meta de construir uma família feliz e emocionalmente equilibrada, porém comecei a perceber que o desafio de me tornar uma mãe segura, respeitosa e assertiva seria bem maior do que eu imaginava. Meu casamento estava indo muito bem, mas a maternidade estava realmente desafiadora.

Decidi que, a partir daquele dia, iria aprender o que eu ainda não sabia sobre crianças. Resolvi que faria algo para mudar a minha realidade. Então, comecei a estudar sobre a infância, li inúmeros livros, fiz os mais diversos cursos que pude encontrar a respeito disso nos Estados Unidos e, logo, uma nova perspectiva de educação começou a se abrir diante dos meus olhos. Todo o autoconhecimento conquistado ao longo dos anos, somado ao novo conhecimento que estava adquirindo, fez com que a minha realidade como mãe se transformasse rápida e completamente. Comecei a entender onde estava errando. Passei a ver uma luz no fim do túnel. A realidade dentro de minha casa estava diferente e eu começava a sentir prazer na maternidade novamente.

Consegui ver que não existe mudança nos comportamentos dos nossos filhos se não alterarmos os nossos primeiro. Eles são reflexos das nossas atitudes. Nada vai mudar se não aprendermos uma nova forma de reagir aos desafios comportamentais das crianças, se não compreendermos o que está por trás do ciclo vicioso do mau comportamento infantil. Por isso, posso afirmar que uma educação assertiva e que convida à colaboração só é possível por meio da reeducação emocional dos pais. Sim, é possível e necessário, e isso vai exigir o nosso esforço, dedicação e paciência.

Descobri que, muitas vezes, precisamos navegar em mares revoltos antes de encontrar a calmaria. Entendi que é pelo amor que devemos sempre andar e que, sempre que eu ousasse gritar ou perder o autocontrole com os meus filhos, a situação só iria piorar.

Eu me apaixonei pelos resultados, pelas mudanças positivas na nossa família e, inclusive, pela mãe que me tornei. Quando meu marido percebeu minha nova forma de agir, ele se interessou muito pelo assunto e começou a querer aprender também. Em um belo dia, ele me perguntou: "O que foi isso que você aprendeu? Isso funciona mesmo, me ensina?". Essas palavras soaram como música aos meus ouvidos. Existe forma melhor de inspirar alguém do que pelo próprio exemplo? Eu finalmente me sentia orgulhosa com tudo o que estava vivendo. O meu novo jeito de ser mãe o inspirou a mudar também, e isso me trouxe uma alegria sem fim.

Mergulhei fundo nos estudos e me certifiquei nas mais diversas áreas do desenvolvimento humano sobre infância, emoções, personalidades. Tudo isso, somado à minha formação de mais de 20 anos em Biomedicina, me fez descobrir que educar não é instintivo. Educar de forma assertiva é ciência.

Precisamos compreender como nossas palavras e atitudes como pais influenciarão a vida dos nossos filhos por muitos e muitos anos. E nessa caminhada de aprender a ser uma mãe melhor, descobri a minha missão de vida. E foi assim que minha história como educadora parental começou. Foi justamente pela "impotência" que senti como mãe que pude reencontrar a minha verdadeira essência.

Decidi transformar toda essa angústia que vivi em um grande propósito. Resolvi que eu iria ajudar outros pais que estavam passando pelo mesmo desespero, este que você pode estar vivendo agora, a mudar a realidade de suas famílias, assim como eu transformei a minha.

Assim como as crianças precisam de treinamento, os pais também devem ser treinados

Pai e mãe frustrados, normalmente, agem com inquietação, apatia, agressividade ou, até mesmo, indiferença aos filhos. Essas são maneiras tóxicas e comuns que aprendemos com as gerações passadas de reagir aos desafios comportamentais que nos desagradam em nossas crianças.

A indiferença pode ser a pior delas, porque ser ignorado é o pior deserto que um filho, ainda pequeno, poderia enfrentar.

Embora essas reações possam acontecer de forma automática ou até mesmo inconsciente, são imprescindíveis o autoconhecimento e a construção de novas habilidades para responder aos comportamentos desafiadores das crianças.

Rudolf Dreikurs, psiquiatra austríaco, tem uma sábia citação que resume esse processo de aprendizado, o qual precisamos compreender:

> Assim como as crianças precisam de treinamento, os pais também precisam ser treinados. O treinamento consiste em aprender novas respostas às provocações das crianças, e que pode levar a novas atitudes e abrir novos caminhos onde florescem relacionamentos harmoniosos.

O autoconhecimento só nos traz benefícios. Quando somos humildes e capazes de reconhecer que sempre teremos muito a aprender, saímos do papel de "sabe-tudo" e impactamos positivamente todas as relações ao nosso redor. Pais sem autoconhecimento normalmente deixam muita culpa e dores emocionais como um legado para os seus filhos, porque acabam transferindo suas dores inconscientes a seus descendentes.

Algo que é comum na rotina de inúmeras famílias é quando, no final do dia, os pais chegam em casa e depositam nos filhos todas as frustrações e angústias do longo dia de trabalho. Todo sentimento de tensão, insatisfação e ansiedade acaba sendo descarregado na primeira atitude que a criança manifesta ao solicitar uma atenção ou exigir um cuidado específico natural da infância.

Crianças necessitam de atenção e do cuidado amoroso dos pais, sem isso elas crescem em um deserto emocional que será levado para a adolescência e à vida adulta. Por isso, é tão importante estarmos conscientes do que somos, do que sentimos, e aprender a separar o que é nosso do que é dos nossos filhos. Se está insatisfeito com o trabalho, faça algo para mudar essa realidade, mas não "desconte" sua dor em quem não tem nada a ver com suas escolhas.

Você consegue imaginar como uma criança que chora – porque não está achando seu brinquedo perdido entre os outros no chão de seu quarto – se sente ao ver o pai gritando pela irritação de seu choro, descarregando toda sua angústia daquele dia de trabalho?

Esse pai provavelmente não enxerga a necessidade emocional de seu filho, porque se encontra imerso em sua inconsciência. Então, em vez de acolher essa criança que passou o dia longe e precisa de afeto, ele prefere afastá-la com seus gritos e rotulá-la de terrível, chorona ou geniosa.

Qual a visão que a criança fica por querer atingir seus objetivos e se sentir impotente? A interpretação feita por ela será "eu não devo ser uma pessoa boa", "ninguém gosta de mim", "não sou importante", "não tenha desejos", "ter vontades incomoda e importuna os outros". Imagine o resultado de uma criança ser tratada assim, dia após dia, durante anos?

Se esse pai fosse uma pessoa com autoconhecimento, ele teria uma compreensão maior de si e conseguiria separar seus sentimentos e angústias do trabalho da situação com o filho. Com certeza, ele ajudaria, com muito prazer, o seu filho a encontrar o brinquedo e a leitura feita pela criança seria diferente: "sou amado", "meus sentimentos são importantes", "posso contar com meu pai para me ajudar", "devo ir atrás de meu objetivo até conseguir".

Assim começa a formação de crenças limitantes que levaremos para o resto da vida a nosso respeito e sobre o mundo que nos rodeia. Percebe a diferença de atitude entre pais conscientes e aqueles que estão inconscientes?

Acredito que agora você, como pai ou mãe, começa a entender a importância de se autoconhecer e de desenvolver novas formas de se relacionar para ser um modelo positivo e ajudar os seus filhos a construírem importantes habilidades de vida de longo prazo.

Mudando comportamentos automáticos e repetitivos

Sabe aqueles comportamentos automáticos e repetitivos que seguimos tendo ao longo da vida e já nem percebemos mais porque se tornaram um hábito profundamente enraizado?

Pode ser a mania de criticar, de julgar, de gritar, de falar mal das pessoas, de explodir por qualquer pequeno motivo ou outro hábito negativo que você tenha e já se tornou um comportamento normal. Enumere os comportamentos automáticos e repetitivos que gostaria de mudar e que causam mal a você e às pessoas que ama.

Quero convidá-lo a descobrir, na prática, de onde veio esse padrão de comportamento que, seguramente, foi aprendido no passado, durante a sua infância.

É muito importante que você responda às perguntas a seguir com total sinceridade e presença emocional. Anote suas respostas em um papel. Quando escrevemos, nosso cérebro tende a processar melhor do que quando fazemos apenas mentalmente.

Ao responder a essas questões, você terá o poder de trazer à consciência o que motivou um determinado comportamento que tem tido durante toda a vida, muitas vezes sem se questionar por quê. Você pode fazer o questionário quantas vezes achar necessário para mudar cada comportamento negativo e repetitivo que identificar ao longo do seu caminho.

1) Defina um padrão de comportamento que possui atualmente, que gostaria de mudar e escreva nas linhas abaixo. Qual seria? (exemplos: excessos de críticas, de reclamações, de agressividade ou qualquer outro comportamento negativo que traga prejuízos a sua vida.)

_____

_____

2) Quem agia assim durante a sua infância ou o que aconteceu durante esse período da sua vida para que você começasse a ter esse comportamento?

_____

_____

3) O que você causa nas pessoas que convive e o que elas dizem quando tem esse comportamento?

_____

_____

4) Quais os seus sentimentos quando age dessa forma?

_____

_____

5) Quais os benefícios em ter esse comportamento?

_____

_____

6) Quais os prejuízos nas suas relações quando você age assim?

_____

_____

7) O que teria que acontecer para você parar de repetir esse comportamento?

_____

_____

8) Como estarão as suas relações nos próximos cinco anos se você continuar tendo esse comportamento?

_____

_____

9) Quais atitudes positivas você vai colocar no lugar do antigo comportamento negativo?

_____

_____

10) A partir de que dia e hora você vai começar a ter o novo comportamento positivo?

_____

_____

Comprometa-se com a sua mudança!

CAPÍTULO 3

VOCÊ ACHA
DIFÍCIL MUDAR?

De acordo com Carol Dweck, psicóloga e professora da Universidade de Stanford, a nossa mentalidade condiciona nosso comportamento e pode produzir barreiras que nos impedem de ver as coisas de forma diferente. Ela chamou de *mindset* o modo como percebemos o mundo ao nosso redor.

Na prática, *mindset* é o tipo de mentalidade que cada um tem sobre a vida. É a forma como organizamos os pensamentos e encaramos as situações do dia a dia. Na maioria das vezes, podemos nem perceber, mas o conjunto de atitudes mentais que temos diz muito sobre o nosso comportamento.

A maneira como refletimos sobre determinada situação e, principalmente, a forma com que reagimos a cada uma delas pode determinar o nosso sucesso ou não na realização dos nossos objetivos. E isso inclui como lidamos com nossas crianças.

Como transformar a relação entre pais e filhos para melhor se não acreditarmos que conseguiremos ou que seremos capazes de investir o esforço necessário para a mudança acontecer? As nossas percepções e crenças sobre a vida definirão se essa mudança será facilmente alcançada ou não.

Esse conjunto de atitudes mentais explica o nosso modo otimista ou não de enxergar as mais diversas situações da vida e de como nos colocamos diante delas. Ou seja, podemos dizer que ele funciona como um reflexo da nossa alma, que retrata a forma como vemos o mundo. Mais do que um simples traço de personalidade, o *mindset* é uma ressignificação de todas as nossas experiências em algum momento. Afinal nossas vivências, de alguma forma, sempre interferem em nossas decisões. As pesquisas de Carol Dweck apontam que as pessoas podem ser separadas em dois grandes grupos e, dentro desse conceito que será apresentado a seguir, fica bem claro compreender porque alguns pais conseguem mudar suas atitudes com mais facilidade e outros nem tanto.

Mindset fixo

O primeiro grande grupo é formado por aqueles que possuem uma atividade mental fixa que designa as pessoas mais conformadas, que gostam da zona de conforto e que aceitam as condições que lhes são impostas.

Sabe aquela sensação de aceitar tudo o que acontece sem sentir que pode fazer algo para mudar a situação? "Ah, mas eu sempre fui assim! Não posso fazer nada para mudar isso!" ou ainda "Eu cresci apanhando e não morri. Esse é o único jeito de educar uma criança".

Esses são alguns exemplos de pessoas que possuem um *mindset* fixo. Normalmente esse é um perfil composto por pessoas inseguras, que duvidam constantemente de suas capacidades e possuem medo de falhar, então preferem permanecer em uma posição conhecida e conviver com a falsa segurança de não precisar encarar o novo. Esse grupo de pessoas tende a acreditar que não consegue desenvolver novos conhecimentos ou habilidades e acaba desistindo de alcançar seus objetivos.

Esses indivíduos pensam: "Como deixar de ser agressivo, se nasci assim?". Dificilmente conseguem perceber que a capacidade de aprender e mudar está dentro de cada um de nós e disponível a qualquer hora e tempo.

Todas essas características levam as pessoas com o *mindset* fixo à estagnação, pois veem cada obstáculo como uma barreira intransponível e acabam se acomodando na zona de conforto. Na maioria das vezes essa dificuldade nem é tão grande assim, mas a tendência de superdimensionar os problemas e sofrer também é algo frequente nas pessoas que se encaixam nesse perfil.

Mindset de crescimento

Já o outro grande grupo é caracterizado por uma mentalidade de crescimento, também chamada de *mindset* progressivo. Essas pessoas não só acreditam em suas habilidades, como também sabem que podem desenvolver outras qualidades e adquirir novos conhecimentos.

Elas confiam em si mesmas, acreditam que podem, então fazem acontecer. Pensamentos como: "nenhuma situação é tão boa que não possa melhorar", "não estou feliz com meu jeito de me relacionar com meu esposo, vou lutar para mudar" e "preciso mudar minha forma de agir com meus filhos, vou buscar novas maneiras de me relacionar com eles" são comuns em pessoas que possuem o *mindset* de crescimento.

A persistência também é um ponto forte delas. Buscam o que querem com muita força de vontade. Tentam e não desistem até atingir o que desejam e, mais do que isso, aprendem com cada um de seus erros e isso é um grande diferencial entre quem consegue chegar longe e quem desiste no meio do caminho.

E o que fazer se descobrir que seu *mindset* é fixo?

Se você percebeu que se encontra no grupo de pessoas com *mindset* fixo, calma! Ainda dá tempo de mudar. Mencionei anteriormente os dois tipos de *mindset* e de que forma eles impactam nossas vidas. O que ainda precisamos compreender é como uma pessoa de mentalidade fixa pode evoluir para uma mentalidade de crescimento e, assim, transformar-se com mais facilidade.

Você pode começar identificando qual o seu estado nesse momento. Ninguém chega a lugar algum se não sabe onde está. Quando compramos uma passagem para viajar, primeiramente, precisamos definir onde estamos e depois escolher o destino. E se você deseja mudar a maneira de ver a vida, é por aqui que a sua caminhada deve começar. Pergunte-se "Em que posso melhorar? Quando vou começar a agir assim? Como vou mudar?" e trace metas para atingir, com data e hora para serem alcançadas. Pare de ficar procrastinando. A mudança que deseja ver em sua vida deve começar com sua decisão de querer e acreditar que pode aprender a fazer diferente, independentemente da situação em que se encontre hoje.

Claro que você certamente já conhece os seus pontos fortes. Ninguém esconde suas qualidades e virtudes. Mas e as suas fraquezas, você já reconhece quais são?

Ter humildade para reconhecer os seus pontos fracos e as suas vulnerabilidades é um sinal de grandeza que, certamente, vai colaborar para que você desenvolva uma perspectiva mais positiva na vida. Quando estamos cientes do que podemos melhorar, um novo caminho surge diante dos nossos olhos.

"Ok. Preciso aprender a ouvir mais", "Sim. Eu falo sem pensar e ofendo as pessoas". Como você se sente assumindo e reconhecendo seus pontos a serem melhorados? Uma libertação ou um peso?

De nada vai adiantar estar ciente de quem você é, se não tiver a motivação e o foco necessários para mudar o que não gosta. Para construir uma mentalidade mais positiva, é essencial não se deixar desistir diante das adversidades que surgem.

Lembre-se de que, no auge do meu desespero como mãe de dois filhos pequenos, morando em outro país, longe da família, de todo o meu conhecido mundo e enfrentando muitas dificuldades para educar, decidi aprender algo que ainda não sabia. E se eu tivesse decidido me conformar com tudo que estava vivendo sem fazer nada para mudar? Certamente eu não estaria aqui hoje escrevendo este livro para ajudar você na sua jornada parental. Quando nos esforçamos para ter uma mentalidade positiva, todo e qualquer desafio pode trazer uma lição e novas oportunidades para nós.

É essa energia que vai fazer com que você se movimente sempre em busca de realizar seus sonhos e projetos mais ousados na vida. Comprometa-se com seus objetivos. Se deseja ter mais paciência e gritar menos, será necessário praticar muito e não desistir quando perceber que está difícil.

Mas e então? Chegou o momento de definir que tipo de pai ou mãe você quer ser. Por onde você vai começar? Como deseja que seja a relação com os seus filhos daqui a alguns anos? É isso que você precisa decidir. Minhas palavras até podem indicar uma direção, mas a escolha de colocar em prática e aprender a fazer diferente é só sua e está em suas mãos.

Use o erro para se desenvolver

Desde cedo somos ensinados que errar é ruim. Éramos castigados, punidos, criticados ou julgados quando errávamos. Essa lógica nos fez associar sentimentos e pensamentos ruins ao erro. Mas como acertar sem errar antes?

Caímos muitas vezes antes de aprender a andar. Falamos errado diversas palavras antes de saber falar corretamente. Precisamos compreender que o erro é parte importante desse processo e fugir dele faz com que a gente perca muitas lições na vida.

Devemos mudar a nossa relação com o erro. Quando algo não der certo, afaste o fantasma do fracasso, dê um passo para trás e analise a situação. Em vez de pensar que está tudo perdido, diga para si "Ainda não deu certo. Ainda não, mas vai dar". Equivocar-se é uma parte do caminho. Em vez de se envergonhar, procure se envolver com esse erro. O que aconteceu? O que ainda não sei e preciso aprender? Como posso pensar em soluções para acertar da próxima vez? Essas perguntas abrem novas possibilidades para a sua vida e na forma como você vai lidar com os erros dos seus filhos também.

Não busque perfeição ou resultados imediatos. A autotransformação vem com o tempo, no dia a dia, nos pequenos detalhes pelo nosso esforço. Não será do dia para a noite que deixará de ser explosivo e dominará suas emoções. Também não foi do dia para a noite que você aprendeu uma profissão ou construiu a sua família.

Para a borboleta ficar linda e voar, antes ela precisou passar pelo casulo, ficar apertada em um lugar escuro, sozinha e em silêncio, para que a lagarta pudesse passar pelo seu processo de transformação. Lembre-se disso quando começar a pensar em desistir e persista.

Livre-se dos rótulos

O que você diz sobre si e das outras pessoas ao seu redor se transforma em um estereótipo aprisionador. Repetir coisas como: "sou azarado", "sou bagunceiro", "não faço nada direito" ou "sou comilão" faz com que seu cérebro realmente acredite nisso. Foque naquilo que deseja se tornar, de forma positiva, afirmativa e encorajadora.

Perceba como continuar fazendo essas afirmações reforça justamente essas características em você. Se deseja realmente mudar, comece modificando as afirmações a seu respeito. E mudar a forma que olhamos para nossas qualidades e defeitos é fundamental para chegarmos onde desejamos em qualquer área da vida.

O poder da vulnerabilidade

A vulnerabilidade, ou se colocar em posição de exposição emocional, é a grande responsável pelas conexões mais profundas que fazemos. Se sentir vulnerável é ser capaz de demonstrar que esse lado de ser humano exige muita coragem, inclusive para se relacionar de forma mais transparente com as pessoas que amamos. Quando aceitamos sentir e falar sobre dor, vergonha, medo, raiva e emoções negativas de forma geral, sem culpa ou vergonha, mas apenas aceitando nossa humanidade, estaremos mais próximos de conseguir evoluir nas nossas relações.

Ao desistirmos da posição de superioridade, de donos da verdade, quando nos damos a oportunidade de relaxar e nos conectarmos com a nossa essência, de forma humilde e sincera, fica mais fácil dizer: "Filho, me desculpe, eu também erro e muitas vezes não sei como lidar com você".

Reconhecer nossa humanidade e nossa vulnerabilidade nos aproxima uns dos outros e nos conecta. Isso porque é mais fácil se identificar com pessoas que assumem erros, que falam de seus momentos tristes e que demonstram o que sentem sem medo. É bem mais difícil se conectar com indivíduos duros, aparentemente insensíveis, que não transparecem nenhuma emoção ou fracasso. Querer mostrar-se perfeito também é colocar-se num patamar inatingível, mas no fundo o que impera é o medo de ser imperfeito, rejeitado e não amado.

Podemos chamar a capacidade de se conectar com o próximo de empatia, que é a habilidade de enxergar as situações pela perspectiva dos outros, um dos principais componentes da inteligência emocional. É ela uma das grandes responsáveis pela possibilidade de conexão significativa entre as pessoas.

Não tenha medo de mudar, tenha medo de permanecer a vida toda no mesmo lugar

A vida é cíclica e precisamos evoluir para viver cada ciclo com a alegria desejada. Não é porque você ouviu dizer que era teimoso durante a infância que precisará agir dessa forma pelo resto da vida.

É para isso que existem os relacionamentos, para nos ensinar, para nos mostrar outras formas de ver a vida, para aprendermos sobre nós mesmos e sobre nossas diferenças. Como diz o ditado: "Quem não se envolve, não se desenvolve". Permanecermos rígidos e imutáveis pode parecer ser mais fácil, porém nos levará ao sofrimento e ao isolamento.

Educar exige muito jogo de cintura, bastante flexibilidade e vulnerabilidade. Se insistir em se manter firme como uma pedra, sem olhar os diferentes pontos de vista que nossos filhos nos colocam diariamente, a vida familiar tende a se tornar um grande desprazer. Sem trocas, sem liberdade de expressão, sem crescimento e sem aprendizado.

Eu aprendi muito com os erros cometidos no início da maternidade e carrego essas lições comigo. São elas que me guiam quando preciso buscar referências de como NÃO devo agir.

Sim. Você é capaz de mudar suas atitudes. Talvez ainda não acredite na sua capacidade, mas saiba que você pode e consegue. Essa fala "eu nasci assim e vou morrer desse jeito" não faz sentido. A ciência já provou que podemos desenvolver novas habilidades em qualquer fase da vida, basta querer e praticar por tempo suficiente para que a nova habilidade seja incorporada. É como aprender um novo idioma ou esporte, no começo é mais desafiador, mas com a prática e o tempo fica cada vez mais fácil, até que um dia aquela habilidade entra no modo automático e se torna parte de quem somos.

Atitudes tóxicas que contaminam o ambiente familiar

1) A crítica exagerada - pare de criticar a si mesmo e os outros

Vamos falar sobre as críticas, já que essa é uma característica tão comum e nociva de muitos que possuem dificuldade em mudar. Elas são destrutivas para quem faz e, também, as recebe. Então, por que tanta gente insiste em continuar com esse comportamento? Talvez por inconsciência, por costume, por vício emocional? Se você sente que se encaixa aqui, quero propor um exercício eficiente para ajudá-lo a se tornar consciente desse vício destrutivo. Comece a anotar em um caderno todas as vezes que você se criticar em pensamento e pensar em julgar algo ou alguém. No final do dia, olhe para o seu caderninho e veja a quantidade de energia que foi desperdiçada com essa atitude que não o ajudará a chegar a lugar nenhum, a não ser machucar e ferir quem você ama. A partir daí, sempre que estiver pronto para criticar a si ou os filhos, pare e reflita antes. O que me leva a achar que não posso errar? E cobrar tanta perfeição e a fazer o mesmo com minhas crianças? Como é viver com um chicote pronto para ferir aqueles que amo? Com quem aprendi a fazer isso? Por que preciso diminuir o outro por meio de críticas para me sentir melhor? Quando for capaz de reconhecer esse traço em sua personalidade, você estará pronto para trilhar o caminho da aceitação, da mudança e se libertar.

2) A reclamação constante

Outro ponto de alerta e que pede mudanças urgentes são as reclamações. Você tem esse hábito? Reclama porque está frio, do calor, do marido, dos filhos, de tudo? Então, pare um minuto e se pergunte: "quem na minha família fazia isso quando eu era pequeno, meu pai ou minha mãe? Por que sigo repetindo um padrão que nunca me trouxe bons resultados?".

Trazer essa atitude para a consciência muda tudo. Em seguida, comece a treinar a nova habilidade que deseja adquirir. Quando sentir que está sendo impulsionado a reclamar, tente dar sugestões positivas ou fazer perguntas de reflexão para a pessoa com quem está interagindo. Por exemplo, se o seu filho derrubou água na cozinha e você está pronto para reclamar, escolha fazer uma pergunta a ele: "Filho, o que você pode fazer para limpar a cozinha?", "O que você pode fazer para evitar que isso aconteça novamente?", "Que tal pegar o pano e enxugar toda essa água?". Ajudar a outra pessoa na busca de soluções, evitando apontar culpados, é uma excelente opção.

Quando paramos de buscar culpados e focamos em encontrar uma solução para resolver a situação, nos aproximamos uns dos outros. Passamos a despertar o senso de capacidade e ganhamos a colaboração imediatamente. Ao contrário, se reclamamos o tempo todo e buscamos culpados, vamos acabar gerando sentimentos de raiva, de incapacidade e baixa autoestima nos nossos filhos ou com qualquer pessoa que nos relacionarmos nesse modelo.

3) O papel de vítima

Outro aspecto comum de comportamento e que nos impede de mudar é o hábito de se vitimizar. Pessoas que se sentem vítimas da vida não percebem sua responsabilidade pelos próprios resultados. Quanto mais você se coloca na postura de "coitado", mais se paralisa e se afasta dos demais. Essa atitude diminui as possibilidades de bons relacionamentos e o ambiente fica tomado de sentimentos negativos e de distanciamento de soluções.

Como ensinar seu filho a ter responsabilidade pelas próprias escolhas e resultados se você ainda não aprendeu a se responsabilizar pela sua vida? O casamento está ruim? Então, faça algo para mudar essa realidade. A vida financeira virou um caos? Dedique mais tempo para construir uma estratégia e ganhar dinheiro de outra forma. Seu filho não escuta uma palavra do que você diz? Estude mais sobre comportamento humano e aprenda uma nova forma de se comunicar que seja mais efetiva.

Quando tomamos as rédeas do barco da vida, abrimos um espaço para que novas situações cheguem até nós, criamos condições para nos tornarmos pessoas realizadoras, com uma visão ampliada e cheia de alternativas para solucionar os problemas.

Ninguém poderá nos salvar e mudar nossos rumos, somente nós mesmos somos capazes de alterar o que não está bom. Portanto, assuma a sua responsabilidade pelos seus resultados na vida e comece a agir para chegar aonde deseja como pai, mãe, esposa, marido ou profissional agora mesmo.

Lições que aprendi ao mudar de uma mãe autoritária para respeitosa

No começo da maternidade me sentia perdida nos extremos e aprender a andar no caminho do meio e ser firme e gentil, ao mesmo tempo, me exigiu muito treino e dedicação.

Na verdade, a dedicação sempre vai existir, porque educar é um exercício dinâmico que diz respeito a pessoas. Então, surgem situações novas o tempo todo e precisamos aprender a lidar com elas.

E como tudo também tem o lado bom, tirei muitas lições da fase autoritária da minha vida, quem sabe essas lições possam ajudar você no seu processo de mudança como pai ou mãe.

1. Cada ser humano é único. Não somos iguais. Filhos não precisam se encaixar nos nossos "moldes" de perfeição, nós que precisamos aceitá-los como são e ajudá-los a se tornar a sua melhor versão.

2. Quanto maior o descontrole interno, mais desejo você terá de controlar o mundo externo. E isso inclui os filhos.

3. Existem várias formas de fazer a mesma coisa, a sua não necessariamente é a melhor ou a única maneira correta. Precisamos dar espaço para nossos filhos experimentarem o mundo do jeito deles e não do nosso.

4. Perder o controle é perder a razão! Consertar o estrago sempre dará mais trabalho do que evitá-lo.

5. Inspirar respeito é melhor do que pedir. Se está pedindo por ele, você não o tem.

6. Um tom de voz gentil e o olhar de cumplicidade têm mais força do que qualquer ataque de nervos.

7. Cada palavra que sai da boca de um pai ou mãe importa. Ela entra pelos ouvidos dos filhos e é guardada direto no coração. Escolha-a bem!

8. Gritaria só agita o ambiente e piora qualquer situação. Ninguém se sente bem em um local de estresse e falta de respeito, porém você pode se acostumar a viver assim e achar normal. Mas esse hábito deixa todos da família ansiosos, aflitos e angustiados. Um tom de voz gentil pode evitar e resolver muitos problemas.

9. Quem bate esquece, quem apanha, não! Talvez ainda se lembre da roupa que vestia no dia em que sua mãe ou seu pai decidiu dar uma surra em você por não fazer o que ele ou ela queria. Certamente, seus pais se esqueceram dessa data, mas você não.

10. Os filhos nos mostram tudo o que precisamos melhorar em nós, nossas dores e feridas mal-curadas e que já estavam lá antes de eles chegarem. Por isso, podemos considerá-los grandes professores.

Aproveite esta oportunidade para mudar o que não está bom!

CAPÍTULO 4

A CIÊNCIA POR TRÁS DE NOSSAS CRENÇAS, HÁBITOS E ATITUDES

Segundo Dr. Bruce Lipton, cientista americano e estudioso da epigenética e do subconsciente humano, o qual tive a honra de conhecer pessoalmente durante uma palestra em Atlanta, nos Estados Unidos, os programas que adquirimos nos primeiros sete anos de vida moldam a forma como vivemos nossa vida. Ele afirma que nos tornamos o que nossos pais nos dizem nesse período.

Todos nós recebemos uma determinada "programação" durante a infância, que roda em nosso cérebro até os dias de hoje se nada fizemos ao longo da vida para mudá-la.

Neste capítulo, vamos compreender melhor como o cérebro humano funciona para receber os "programas" instalados por nossos pais quando éramos crianças.

Desde a gestação até os dois primeiros anos de vida, estamos em uma frequência cerebral que é como dormir ou estar inconsciente. A criança ainda não consegue se expressar ou se comunicar bem com os pais, porém seu cérebro está absorvendo tudo o que acontece a sua volta. Nesse estágio, ela não pode dar uma resposta lógica para o que vê ou sente, mas é como se estivesse atrás de uma janela de vidro assistindo ao mundo, absorvendo tudo, porém sem conseguir responder a ele.

De dois a seis anos de vida, a criança é como uma grande esponja que absorve absolutamente tudo ao seu redor. Se você não quer que seu filho aprenda a falar palavrões, então não os use na frente dele porque ele certamente aprenderá. Nessa fase, a criança ainda mistura o mundo real e o imaginário em suas brincadeiras. Acredita em monstros e fadas, pode começar a ter medo do escuro ou do monstro que vive embaixo da cama e faz parte da fase do desenvolvimento cerebral na qual se encontra. Cabe aos pais acolher e validar esse medo para que não cresça ainda mais. Medos não acolhidos tendem a permanecer por muitos e muitos anos.

Quando a criança chega por volta dos sete anos de idade, entra em um estado de maior consciência. Nessa fase, ela consegue compreender melhor suas atitudes e o mundo ao seu redor. É um período em que precisa aprender o máximo de informações possíveis sobre a vida, as regras sociais, os valores da família e o próprio valor, pois tudo isso ajudará a conviver bem em casa, na escola e na sociedade.

A natureza nos deu a capacidade de aprender com o modelo de nossos pais e das pessoas com as quais convivemos. Tudo o que acontece nos primeiros sete anos de vida é a base que estruturará crenças e informações em nosso subconsciente. Claro que, mais tarde na vida, seremos capazes de fazer as mudanças desejadas, mas até que isso possa acontecer, muitos anos já terão se passado.

Dentro da nossa família é onde aprendemos os fundamentos dos relacionamentos, sobre a importância das conexões respeitosas entre as pessoas e a comunidade. Esse também é o período em que desenvolvemos nossa crença de identidade, sobre quem somos. Sou uma criança boa? Inteligente? Capaz? Ou sou uma criança ruim? Terrível? Burra?

O que nossos pais nos dizem nessa fase da vida, nos tornamos.

Se nossos pais nos dizem que somos inteligentes, amáveis e maravilhosos, é isso que entrará em nosso programa subconsciente, mas se eles nos dizem que não somos pessoas legais ou não somos inteligentes ou não somos bonitas ou não somos bons ou merecedores, é isso que entrará em nosso "programa" mental.

Por exemplo, se um filho pede um presente de aniversário aos seus pais e eles se negam a dar. Em seguida, o pai diz que a criança não merece ganhar nada porque se comportou muito mal nos últimos dias. Então, esse pode se tornar um programa negativo que entrará em seu subconsciente: "Eu não mereço". E essa frase rodará em sua mente ao longo de sua vida como uma gravação mental que o lembrará o tempo todo, mesmo que de forma inconsciente, sobre o não merecimento.

Isso acontece porque as crianças acreditam em tudo que seus pais dizem sobre elas, pois ainda não possuem o discernimento necessário para saber separar o que dizem a seu respeito de quem realmente são.

Então, os programas que adquirimos nos primeiros sete anos moldam como viveremos nossa vida. Você pode não saber quais os programas que recebeu nessa fase porque realmente não estava consciente, mas a maioria de nós recebe algum tipo de mensagem que foi compreendida como limitante, assim como excesso de críticas, castigos, julgamentos, ameaças ou punições, por isso tantas pessoas sofrem de baixa autoestima e falta de senso de capacidade durante a vida adulta.

Segundo Lipton, nossa mente tem duas partes: uma delas é a subconsciente, que processa as informações em grande velocidade e é um milhão de vezes mais poderosa do que a outra: a consciente. É por isso que, quando estamos em um estado de emergência ou estressados, operamos a partir da mente subconsciente, porque ela nos faz agir rapidamente e consegue assimilar grande quantidade de informações em apenas alguns segundos. Sabe quando escutamos na notícia que uma mãe levantou um carro para salvar a vida do filho durante um acidente? Provavelmente ela não saberá explicar como conseguiu tomar essa decisão de forma racional e consciente, pois agiu para salvar a vida do filho de forma totalmente instintiva e inconsciente.

A mente consciente é mais lenta. É por meio dela que podemos mudar as nossas crenças inconscientes. Quando percebemos que estamos sendo dirigidos por nossas crenças limitantes de forma automática, podemos focar nossa atenção para mudar o que não nos agrada. Por exemplo, um pai e uma mãe que, apesar de saberem que amam o filho, nunca conseguiram ser amorosos ou demonstrar afeto. Quando tomam consciência de que estavam agindo de forma fria e distante, talvez por um comportamento aprendido com seus pais na infância, terão a oportunidade de mudar suas atitudes e, a partir daí, buscar se aproximar emocionalmente do filho.

Estamos conscientes em apenas 5% do tempo

O problema é que permanecemos conscientes em somente cerca de 5% do tempo durante o dia. Assim, sempre temos condições de criar uma nova realidade enquanto estamos presentes no momento atual. Lembre-se de que apenas 5% do que nos acontece vêm de decisões conscientes, portanto 95% da nossa vida vêm da programação que temos em nosso subconsciente.

Se você foi uma criança que escutava os seus pais lhe dizerem que ganhar dinheiro era muito difícil, então em 95% do seu dia sabotará sua vida para ter certeza de que "ganhar dinheiro é realmente muito difícil".

O papel do seu subconsciente é criar a realidade que roda no seu "programa", portanto, se sua programação for negativa, durante aproximadamente 95% do dia você vai criar experiências negativas que confirmem as crenças que tem sobre a própria vida. Isso explica por que tanta gente repete os mesmos ciclos viciosos ao longo dos anos de forma repetitiva e compulsiva sem conseguir mudar.

Existem pessoas que só se relacionam com aquelas que traem, outras ganham dinheiro e, em seguida, jogam tudo fora, alguns não conseguem seguir adiante com seus projetos ou ainda acham que ninguém presta. Todos esses vícios emocionais estão inseridos no subconsciente, por isso vamos repeti-los até que possamos trazer para a nossa consciência o porquê de fazer o que fazemos e, somente assim, será possível mudar o que tanto nos sabota.

As mentes consciente e subconsciente trabalham juntas

A mente consciente pode mudar apenas aquilo em que ela é capaz de se concentrar, mas o que ela não focar a subconsciente controlará.

Então, se estamos sempre pensando no passado ou no futuro, nossa mente consciente não entrará em ação. Precisamos colocar atenção e foco no agora para que as reações inconscientes se tornem conscientes. Portanto, se a consciente não está prestando atenção agora, então tudo o que você está fazendo durante o dia é executado pelo programa que recebeu na infância.

O problema é que manter nossa mente focada no aqui e no agora é um grande desafio, por isso a meditação e a prática de *mindfulness* são tão úteis, trazem a nossa mente para o momento atual e podemos nos manter conscientes de nossos verdadeiros sentimentos e atitudes.

Quando estávamos aprendendo a dirigir, não sabíamos como tirar o carro do lugar, por isso, provavelmente, ficávamos atentos e conscientes, prestando atenção em tudo enquanto tentávamos aprender a movê-lo. Mas, agora que já sabemos dirigir, não percebemos mais quando trocamos de marcha ou damos seta, pois fazemos isso de maneira automática. A mesma coisa acontece quando aprendemos a falar um idioma fluentemente ou aprendemos a andar de bicicleta. Com o tempo, fazemos tudo de maneira automática e sem prestar atenção.

Sabe quando pegamos o mesmo caminho todos os dias para levar as crianças à escola durante anos e não percebemos mais os detalhes ao longo do trajeto? De repente, dirigimos por vários minutos sem prestar atenção e, quando percebemos, já chegamos à escola nem sabemos como, pois fomos levados pelo modo automático e inconsciente do nosso cérebro.

E se eu lhe perguntasse: o que aconteceu nos últimos dez minutos enquanto dirigia em direção à escola? Você provavelmente responderia que não sabe ou que não viu. E isso se aplica a todas as nossas atividades diárias. Agimos de modo repetitivo e automático e deixamos nosso subconsciente dominar nossas vidas por muitos e muitos anos. Essa é a forma como nosso comportamento nos sabota, até que chegue um momento em que percebemos que precisamos fazer algo para mudar.

Quando nos tornamos conscientes de nossas limitações, passamos a ficar mais vigilantes. Ao estarmos presentes e focados no aqui e no agora, o programa inconsciente e automático do nosso cérebro não consegue mais dominar nossas vidas.

Nossa capacidade de mudar e a plasticidade cerebral

Diferentemente do que muitos pesquisadores acreditavam anos atrás, a ciência avançou e já provou que nosso cérebro possui grande plasticidade, que é a capacidade de aprendermos novas habilidades em qualquer fase da vida. Ele está sempre pronto para adotar novos hábitos ou eliminar os antigos. Esse funcionamento é chamado de neuroplasticidade cerebral, característica que torna nosso cérebro flexível e mutável.

O Dr. Michael Merzenich, professor e cientista da Universidade da Califórnia, descobriu, em suas pesquisas sobre a plasticidade cerebral, que somos capazes de criar novos caminhos neurais, de incorporar novas habilidades como nossas e de desenvolver capacidades que não tínhamos antes, se assim desejarmos.

Quando fazemos algo novo, pela primeira vez, nosso cérebro começa a criar como se fossem novas "trilhas" para essa atividade e, depois de algum tempo repetindo sempre a mesma coisa e persistindo na nova atitude, esses caminhos vão ficando mais fortes, funcionando automaticamente e transformando nossas atividades em hábitos inconscientes, assim como andar de bicicleta, falar um novo idioma ou dirigir um carro.

Da mesma forma, quando deixamos de fazer algo que fazíamos habitualmente, tiramos a força desses caminhos neurais, até que eles desapareçam completamente e nos livremos dos maus hábitos, assim como beber, fumar ou roer unhas, por exemplo.

Imagine que um caminho neural é um determinado trajeto que está representado à sua frente por uma pequena mata. Entre você e o seu novo objetivo existe esse trajeto que precisa ser desbravado. Quando você usa o mesmo trajeto para ir e voltar várias vezes, o que acontece? Aquela mata do local onde você pisa todos os dias começa a morrer, deixando à mostra a terra que existia ali e forma uma trilha. Ao deixar de caminhar por ali, a mata volta a crescer, desfazendo essa passagem. Assim funciona um caminho neural no nosso cérebro. Para criar o caminho neural e desenvolver um novo hábito ou atingir um determinado objetivo, teremos que persistir na formação do novo trajeto diariamente.

Isso quer dizer que nosso cérebro está todos os dias mudando, se adaptando e se moldando. E isso explica também por que é tão difícil mudar um hábito. Nós condicionamos nosso cérebro a funcionar sempre da mesma maneira, e depois viramos escravos desse caminho.

É mais fácil andar por uma via que já está forte do que percorrer uma nova. Se já existe uma trilha formada, a maioria das pessoas vai optar por seguir pelo caminho que já está pronto, porque exigirá menos esforço.

O conceito de um cérebro modelável substitui a crença antiga de que depois de adulto passe a ser um órgão fisiologicamente estático. Embora seja mais plástico durante os primeiros anos de vida do que na fase adulta, a plasticidade e a capacidade de aprender estarão sempre presentes.

Com treino, prática e persistência, somos capazes de transformar uma crença adquirida e um comportamento aprendido. Portanto, podemos mudar nossos hábitos mesmo se já estivermos idosos.

Quando crianças, não somos capazes de fazer esse tipo de mudança sozinhos. Conforme vamos amadurecendo e nos tornando conscientes do que precisamos melhorar em nós mesmos, podemos ser capazes de fazer as mudanças de que precisamos para alcançar nossos objetivos. A tomada de consciência e o autoconhecimento são os pontos de partida para qualquer transformação que desejamos ter em nossas vidas.

Mudando antigos hábitos

Se desejamos alterar um comportamento ou pensamento, precisamos tirar a força automática inconsciente que ele tem nas nossas vidas, escolhendo agir de forma consciente, contrariamente ao que estamos habituados. Essa atitude é desafiadora, porque, como mencionei anteriormente, já existe um caminho neural alimentado automaticamente, que chamamos de hábito. Para acelerar o processo da mudança, em vez de apenas deixar de ter a atitude habitual, podemos colocar outra no lugar daquela que desejamos substituir.

Por exemplo, se você tem o hábito de gritar com os seus filhos todas as vezes que eles bagunçam a casa, pode começar a agir de outra forma, e conscientemente decidir treinar a nova habilidade que deseja adquirir como própria. Então, em vez de gritar, escolha observar o que sente internamente quando vê a casa bagunçada, pode ser que tenha a oportunidade de perceber que esse foi um comportamento aprendido durante a sua infância com os próprios pais. Então, você segue repetindo de forma automática e inconsciente sem se dar conta desse mecanismo.

Uma opção seria se afastar da situação por alguns segundos ou minutos, frear o impulso de reagir desse modo e substituir por uma atitude mais positiva. Você pode colocar outra atitude no lugar do hábito de gritar. Após escolher, conscientemente, não reagir da forma habitual e manter a calma, você pode se aproximar de seu filho, se conectar com ele de forma amorosa e, respeitosamente, focar em uma solução para resolver a questão. Por exemplo, dizer: "Eu te amo e gostaria que arrumasse os brinquedos todas as vezes que terminasse de brincar. Se não cumprir nosso combinado, guardarei os brinquedos no armário até que possa cumprir o que acordamos".

Percebe que foi preciso substituir uma atitude automática por uma escolha consciente para mudar um padrão?

Por mais que seja desafiador no começo, se treinar essa atitude diariamente, em pouco tempo ela se tornará um novo hábito adquirido.

Isso vale para qualquer costume que deseje mudar. A recompensa de ter uma família mais equilibrada e feliz lhe dará o prazer necessário para conseguir trocar o hábito negativo por algo positivo mais facilmente.

A consciência do que você quer e do que não quer para a sua vida é o primeiro passo para saber como agir. Depois disso, basta saber onde colocar sua energia. Foque em criar aquela nova atitude que você sempre sonhou conseguir.

Ter uma vida conduzida por atos inconscientes é o mesmo que perder o seu poder de escolha. Nós podemos mudar o nosso cérebro todos os dias e, com isso, alterar atitudes e o rumo da vida a qualquer momento. Esse conhecimento transforma e é a base para todos os pais que desejam realmente evoluir e mudar o rumo das próximas gerações.

CAPÍTULO 5

TORNANDO-NOS
PAIS CONSCIENTES

Os problemas começam quando ainda estamos inconscientes

Uma das tarefas mais desafiadoras que um ser humano pode ter na vida é a de educar outro ser humano. O problema é que, em geral, não nos propomos a aprender como desempenhar esse papel tão importante da mesma forma como nos dedicamos a aprender uma profissão ou a fazer a gestão de uma grande empresa.

Quando somos donos de um negócio, investimos tempo e dinheiro para contratar as pessoas certas, para ver a empresa crescer, somos cuidadosos para tratar os funcionários e os clientes, nos empenhamos ao máximo para não fazer escolhas erradas, buscamos constantemente nos aprimorarmos para nos mantermos firmes e fortes no nosso propósito. Por que quando se trata de educarmos nossos filhos, nos deparamos com tantas dificuldades para nos dedicarmos e procrastinamos tanto para fazer o que realmente precisa ser feito?

Pais que evoluem

Precisamos compreender e trazer para a consciência tudo aquilo que incomoda em nós mesmos, antes de conseguirmos melhorar o relacionamento com os nossos filhos.

Você tem uma visão clara de onde quer e como quer que sua família esteja daqui a cinco, dez ou quinze anos? E o que você tem feito para construir essa realidade? Quando falo em construir, falo de valores emocionais, de conexão, de confiança, de construir relações que dinheiro nenhum no mundo poderá comprar e, principalmente, de ter filhos gratos por terem tido a oportunidade de ter um pai ou uma mãe como você. É importante nos perguntar: "Que tipo de pai ou mãe desejo ser? Como posso agir todos os dias um pouquinho para construir uma relação harmoniosa, feliz e duradoura com os meus filhos?".

Comece observando se suas atitudes estão ou não trazendo os resultados que você gostaria no comportamento das suas crianças ou, ainda, considere se as suas atitudes podem estar afetando negativamente a autoimagem e os sentimentos do seu filho. Se as suas respostas mostrarem que algo precisa ser feito para conseguir alcançar seus objetivos familiares, você mudaria a maneira de se relacionar com os seus filhos?

Quando percebemos e tomamos consciência do quanto nossas atitudes podem estar causando danos ao desenvolvimento emocional das crianças fica mais fácil buscar um novo caminho.

Certamente estamos sendo o melhor que podemos. Afinal, amamos os nossos filhos e queremos o melhor para eles. Mas atuamos muitas vezes de forma inconsciente, dando ordens e querendo mandar, obrigar e anular a identidade das nossas crianças, assim como nossos pais fizeram conosco no passado.

Não nos deram voz. E isso é destrutivo para a construção da base emocional do ser humano, pois aos poucos vamos aprendendo a nos desconectar de nós mesmos e começamos a invalidar o que pensamos, sentimos e desejamos e, sem querer, podemos fazer o mesmo com os nossos filhos.

Quando os pais não se conectam com os filhos

Pais que não conseguem se conectar com os filhos, podem ignorá-los ou até maltratá-los por não perceberem suas necessidades emocionais. Dessa forma, as crianças passam a acreditar que não são boas, se sentem culpadas por serem constantemente julgadas, criticadas ou punidas. O que elas mais buscam e precisam é amor, conexão e limites respeitosos e seguros para crescerem e se desenvolverem. A pior parte dessa dinâmica é que, na maioria das vezes, as crianças não deixam de amar seus pais, mas começam a achar que não são boas o suficiente para receber o amor que merecem.

Existe uma realidade triste e silenciosa acontecendo em muitos lares e diz respeito a nossas crianças. Pais cansados, que gritam, que batem, que punem, que ameaçam e que não conseguem se conectar nem consigo nem com seus filhos.

Muitos não têm disposição para brincar, para dar uma volta no parque, para ir andar de bicicleta e se divertirem juntos. Não têm disposição para o básico que diz respeito a proporcionar uma infância feliz. A infância é a base da vida, nela temos a oportunidade de olhar para o mundo com bons olhos e de criarmos memórias felizes. E passa muito rápido, não teremos tempo para reviver essa fase dos nossos filhos. Temos uma única oportunidade de darmos o nosso melhor e essa hora é agora.

Como deve ser difícil olhar para os pais e não ver presença, não ver atenção de qualidade, não ver limites claros, não ver desejo de estar juntos. A criança cresce com uma sensação de vazio enorme, um abandono vivido em família, de corpos presentes, mas de corações ausentes.

E, sim, precisamos falar sobre isso. As estatísticas apontam um aumento nunca visto antes na taxa de suicídio entre adolescentes.

Crianças que são deprimidas, que têm medo de fazer amigos, medo de serem rejeitadas, que não foram ensinadas a se amar e, portanto, também não aprenderam a amar o próximo. É na infância que construímos a base do nosso ser. Quem sou, o que gosto, de que sou capaz, sou amado, sou útil, sou importante para aqueles que amo, contribuo com a sociedade em que vivo. Sem isso, crescemos debilitados, perdidos e sem sentimento de pertencimento e significância, dois pilares fundamentais para o bom desenvolvimento emocional da criança.

Vamos juntos fazer a nossa parte. Não podemos alterar o mundo, mas podemos mudar a nós mesmos.

Feridas da infância

Como já vimos antes neste livro, pais que foram muito feridos na infância tendem a ter grande barreira de proteção em volta de si, usam um escudo de força que chega a ser intransponível e se tornam inacessíveis aos filhos.

Por mais que estejam presentes fisicamente, não conseguem se conectar emocionalmente e essa atitude causa muita dor na criança, que é ávida por conexão e afeto. Tomar consciência do que nos causou essas barreiras emocionais é o único caminho para conseguirmos descer ao nível de humanidade em que merecemos estar. Nossos filhos pagam um preço muito alto quando não temos consciência de nossas dores e atitudes.

Quando nossas questões da infância não estão bem resolvidas com os nossos pais, acabamos reproduzindo e transferindo essa dor aos nossos filhos. A raiva acaba sendo descontada por gritos, castigos, surras, ameaças, críticas e julgamentos. Acabamos transferindo a eles as nossas expectativas emocionais não atendidas e as nossas necessidades não preenchidas.

Talvez você tenha hoje dores emocionais que seus avós também tiveram, que foram repassadas aos seus pais, chegaram até você e agora você pode estar repassando aos seus filhos, mesmo sem querer.

Mas como parar esse ciclo?

Tomando consciência, revendo suas crenças, se questionando sobre suas atitudes, parando de repetir comportamentos que você já sabe que não são bons, reconhecendo suas falhas, decidindo aprender uma nova forma de se relacionar com quem você ama e, se preciso, buscando ajuda de um profissional para auxiliar nessa jornada.

Não existe receita de bolo nem fórmula mágica. A caminhada é longa e devemos dar o primeiro passo. Cuide de suas feridas, pois elas podem passar para a próxima geração.

Somos responsáveis pelas nossas atitudes

Tornamo-nos perigosos quando não temos consciência de nossos comportamentos, pensamentos e sentimentos. Perigosos porque temos alto poder de destruição com a fala e atitudes, se deixarmos nossas emoções negativas dominarem os nossos relacionamentos.

Quando percebemos que somos responsáveis pelas nossas atitudes e pelos resultados que temos a partir de nossas escolhas, tudo pode mudar para melhor.

Negar a nossa responsabilidade sobre nossos atos, pensamentos e sentimentos nos torna alienados em um tipo de comunicação que pode ser muitas vezes repetitiva, padronizada e pouco consciente. Um exemplo disso é quando justificamos nossas atitudes sem nos colocarmos em um papel de quem pode fazer uma escolha. "Bati no meu filho porque ele não me obedeceu." Essa é uma fala que responsabiliza o outro pela sua atitude. Quando nos tornamos conscientes e responsáveis pelos nossos atos, a fala é outra: "Bati no meu filho porque, além de não me controlar, não conheço outra forma de reagir, a não ser essa". O contexto seria totalmente diferente. Percebe a diferença?

Pais que evoluem

Não seríamos vítimas da situação, mas sim os responsáveis pela atitude tomada. Quando substituímos uma linguagem que implica falta de escolha por outra que reconhece a nossa possibilidade de opção, ganhamos o poder de mudar os nossos resultados.

Até entendermos que estamos sendo dominados pelo nosso inconsciente, seguimos resistindo à mudança e nos mantemos apegados ao velho modelo autoritário de "eu mando e você obedece", que usaram conosco no passado.

O problema com a forma tradicional de educar é que os pais ficam endurecidos pela necessidade de controle e pela prevalência do ego com a falsa ilusão de poder sobre o filho, e dessa forma jamais terão a oportunidade de olhar para suas crianças e aceitá-las ou conhecê-las como elas realmente são, pois estarão sempre usando "as lentes" da perfeição ou do modelo projetado e desejado por eles.

Como as crianças nascem uma página em branco, elas estarão prontas para ser influenciadas e oferecem pouca resistência quando impomos nosso poderoso ego sobre elas, e isso acaba reforçando o lugar de força e de controle dos pais.

Se você deseja mudar essa realidade, será fundamental abandonar essa necessidade de ter razão e de querer controlar cada pequeno passo do seu filho e entrar em um estado de conexão com ele. Conecte-se com a sua humanidade, com sua vulnerabilidade e com as lembranças de quando você era uma criança e que, possivelmente, também foi ferida pelo autoritarismo de seus pais.

Seja apenas um ser humano que sente, que também ama, que sofre, que tem dias bons e ruins. Desista da imagem de perfeição, seja somente o melhor que você pode ser, até porque perfeição não existe quando se trata de sermos humanos. Não somos perfeitos e nossos filhos também não.

Eu escolho não usar a minha raiva para controlar o meu filho

Você tem usado sua raiva como forma de controlar a sua criança?

Busque responder a essa pergunta, mas também se faça outra ainda mais importante: quais as verdadeiras razões que se escondem por trás da minha raiva e por que tantas vezes desconto nos meus filhos?

Pode ser cansaço, medo, estresse, dificuldade de relacionamento, mas também a falta de aceitação ou por tentar encaixar o seu filho em um molde que ele não cabe.

Talvez seja frustração por não ter buscado se realizar na carreira, por não trabalhar com o que gosta. Ou até por falta de dinheiro. Casamento que não está bom. A ausência de amigos. Não sei. Só você pode se dar essa resposta.

Procure por ela dentro de si, porque será essa resposta que vai permitir trazer para a consciência seus verdadeiros motivos de sentir tanta raiva. E quando não conseguimos "controlar" essa parte de insatisfação em nossa vida, acabamos querendo "controlar" a parte mais frágil e vulnerável dela: nossos filhos.

Se você deseja construir uma relação feliz e de confiança com eles, escolha abrir mão de se relacionar pela raiva. Resolva suas questões interiores e aprenda a se relacionar pelo amor e pela compaixão.

Crianças buscam receber afeto, porque precisam se sentir amadas. Quando não conseguem, encontram outras formas de conseguir suprir essa necessidade. Na maioria das vezes, será chamando a nossa atenção de forma negativa pelo mau comportamento. Então, um ciclo vicioso se instala.

Você está frustrado com algo em sua vida.

Não tem consciência disso.

Sente raiva.

Desconta no filho.

Tenta controlar o filho, que não cede por não se sentir amado. Começam as lutas por poder. E sua raiva só aumenta.

Quando tomamos consciência de nossas dores disfarçadas de raiva, ganhamos o poder de transformar toda uma existência.

Assim como as crianças, os pais também precisam de limites

Somos os adultos da relação com nossos filhos, mas muitas vezes agimos como crianças inconsequentes. Quando não sabemos quem somos e quando não temos a mínima ideia de como funciona o cérebro e as fases de desenvolvimento de uma criança, tendemos a agir como tiranos que só querem mandar e ter os próprios desejos atendidos imediatamente. Existe muita incoerência e falta de consciência por aí.

Pais que brigam com os filhos porque não sabem onde colocaram o tênis do futebol, quando o próprio pai nunca lembra em que lugar deixou as chaves do carro.

Pais que vivem se matriculando na academia e que frequentam apenas uma vez por mês por não gostarem, mas obrigam seus filhos a fazer aulas de piano mesmo sob choros e protestos.

Pais que perdem o controle com qualquer coisa e gritam com um ser humano pequeno e que ainda possui um cérebro imaturo, mas não aceitam quando a criança joga seus brinquedos e faz "birra" diante de uma frustração.

Pais que colocam crianças no mundo que não pediram para nascer e que usam e abusam de sua autoridade, dando tapas e castigos em nome de uma cultura autoritária que desconsidera as emoções humanas.

Sim. Precisamos de mais coerência.

Mude você primeiro

O caminho mais rápido para modificar o comportamento do seu filho é mudando o seu primeiro. Muitos vão dizer: "Ahhh, mas meus filhos são muito pequenos, ainda não entendem nada!". Entendem, sim. Mais do que podemos imaginar.

Crianças não precisam saber falar para assimilarem o mundo a sua volta. Elas absorvem nossas emoções, sensações e aprendem a linguagem, as regras sociais e, principalmente, o modelo inspirado pelos nossos cuidadores no ambiente familiar.

Claro que filhos dão trabalho e é um desafio lidar com tantos choros, cobranças e lutas por poder, porém muitos comportamentos podem ser melhorados quando melhoramos o nosso. Quando mudamos, tudo ao nosso redor também muda.

Quer ser ouvido? Escute primeiro.

Quer ser levado em consideração? Considere primeiro.

Quer filhos capazes e confiantes? Confie primeiro.

Quer filhos respeitosos? Respeite primeiro.

Não faz sentido pedir para o filho parar de gritar, gritando!

Exigir respeito, desrespeitando!

Esperar gentileza, sem ser gentil.

Querer filhos calmos, sem ter calma.

Precisamos ser coerentes com o que oferecemos e com o que esperamos. Não tem como espelhar descontrole emocional e esperar o contrário das crianças. Dedique-se a aprender a se controlar. Nada pode ser mais poderoso do que o próprio exemplo. Podemos mudar. A ciência já provou que sim. Basta querer e praticar.

Benefícios de nos tornarmos conscientes

A beleza da abordagem consciente na forma de educar um filho é que, em vez de usar fórmulas autoritárias repetitivas e sem resultados positivos em longo prazo, vamos nos tornando mais presentes emocionalmente nos momentos em que estamos próximos fisicamente e conseguimos perceber qual o caminho certo para uma situação específica, pois a nossa consciência nos informa a todo momento qual a melhor forma de desempenhar o nosso papel de pai ou mãe.

Como exemplo disso, lembro o dia em que minha caçula quebrou a tela do meu computador novinho em folha. Eu fui até a cozinha comer algo e, quando voltei, me deparei com a cena, ela cantando feliz da vida e a tela do meu computador completamente estilhaçada, em cima da mesa do meu escritório. Meu Deus! Que vontade de pular em cima dela e gritar! Mas eu já sabia que não era esse o caminho.

O que ela sabia sobre computadores e preços de telas aos quatro anos de idade? Nada. E nada do que eu fizesse naquele momento traria a minha tela novinha em folha de volta. Então permiti que meu interior me guiasse e, mesmo sendo chamada a disciplinar naquele momento, a minha consciência me mostrou como agir de maneira a considerar as atitudes e a idade dela. Pude educá-la para ensinar que ela deveria brincar em outro lugar e não no meu escritório ou com o meu computador.

Em vez de puni-la ou castigá-la pela atitude de brincar com o meu computador, escolhi explicar que computador não era brinquedo e defini uma regra sobre os lugares que eram permitidos brincar na nossa casa e evitar que esse problema voltasse a acontecer.

Quando temos a coragem necessária para renunciarmos ao controle que uma educação autoritária nos leva a ter, nos sentimos cada vez mais livres de conflitos internos e de lutas por poder. A dinâmica da nossa relação com nossos filhos se torna uma experiência repleta de trocas enriquecedoras que só nos engrandece a cada dia. Ao nos entregarmos a um relacionamento mais consciente com os nossos filhos, elevamos nosso papel de pai ou mãe a um nível de cumplicidade e empatia jamais imaginado antes.

Construa um sentimento de união e não de competição

Quando somos pais a partir da nossa necessidade de controle, buscamos sempre lutar para mantermos o poder, para sermos os donos da razão e, mais cedo ou mais tarde, será inevitável entrarmos em forte competição com os nossos filhos, pois eles também tentarão se impor para conseguirem ter seus desejos considerados e validados por nós.

Ao nos tornarmos pais conscientes, possibilitamos transformar o desejo de controle em uma vontade de experimentar a verdadeira conexão entre pais e filhos, com a qual criaremos um relacionamento de parceria, de aprendizado, de erros e acertos, sem perfeição, pois nesse modelo compreendemos que um precisa do outro, um respeita o outro; o amor e o respeito fluem livremente em uma via de mão dupla.

Como se conectar com seu filho sem antes se encontrar com você? Não tem jeito. Por isso a necessidade de controle, de ser o dono da razão, de ser superior, aquele que nunca erra e não sabe reconhecer as próprias falhas jamais o levarão a atingir esse estado de união com o seu filho. Sem a tomada de consciência de nossas limitações, nenhuma relação se desenvolverá de forma emocionalmente saudável ou positiva.

Comparo a competição por poder com nossos filhos ao jogo de tênis, no qual sempre existirá um ganhador e um perdedor. Cada adversário deseja ardentemente que o outro deixe a bola cair para poder ganhar o jogo. Como seria se pudéssemos aprender a jogar frescobol com nossos filhos?

No frescobol não existe ganhador, existe o prazer de se divertir apenas se o outro jogador pegar a bola também. Torcemos para que o outro rebata a bolinha para que o jogo possa continuar e ser agradável para os dois.

Com certeza, seria um time de pais e filhos campeões.

Quando entendemos essa dinâmica de que não estamos em uma competição, vamos nos afastando da necessidade de controle exercida pelo nosso ego e abrindo espaço para que nossos filhos possuam liberdade de expressão, para que suas falas possam ser ouvidas e consideradas, livres de repressão, julgamento ou críticas. Deixaremos o lugar de donos da razão para ocuparmos o lugar de alguém que inspira pelo exemplo, pela autoridade exercida de forma firme e gentil e não pela imposição.

Desista de ter uma opinião formada sobre tudo, comece a se abrir para o novo, aprendemos mais quando ouvimos e observamos do que quando estamos falando sem parar. Deixar de ter uma opinião sobre como os seus filhos deveriam ser para aprender a aceitá-los como são permitirá que você saia do pedestal de superioridade e domínio.

O encontro consigo

Quando abdicamos do controle e nos damos o direito de experimentar quem realmente somos, sem "escudos" protetores, vemos que nossos filhos são grandes professores em nossas vidas e nos trazem, na verdade, grande oportunidade de crescimento e evolução.

Temos muito a aprender a nosso respeito por intermédio deles, pois ninguém no mundo será tão capaz de nos mostrar nossas fraquezas e limitações com tanta clareza como eles.

Aquela antiga falta de paciência, a dificuldade em ouvir, o medo de confiar e muitos outros traços que já estavam aí, bem antes do seu filho nascer, serão evidenciados na sua relação com ele. As crianças refletem, o tempo todo, a nossa imagem nua e crua, e isso, sem dúvida, pode ser muito dolorido. Mas é nesse lugar de aprendiz que reside o grande potencial transformador que o papel de pai ou mãe nos traz.

Lembro-me de um dia, em um diálogo com meu filho, com cinco

anos na época, em que ele me questionou se eu sabia o que queria ser da vida desde a infância. Então, ele me perguntou: "O que você queria ser quando era pequena, mamãe?".

E não parou por aí. Ele seguiu sua linha de raciocínio e disparou outra pergunta: "Você é hoje o que gostaria de ser quando era uma criança?". Uau! Jamais subestime a capacidade de compreensão infantil. Lembro que aquele questionamento tocou em uma ferida antiga da minha vida que, mesmo já estando cicatrizada, me trouxe lembranças que me fizeram refletir.

Como já mencionei aqui no livro, decidi cursar Biomedicina aos 17 anos. Na verdade, tinha dúvidas se faria Administração de Empresas ou Biomedicina. Nada a ver uma coisa com a outra; como a maioria dos adolescentes, eu não tinha certeza de que carreira gostaria de seguir. En-tão, optei por Biomedicina, que era o sonho da minha mãe. Veja como muitos pais transferem seus desejos não realizados aos filhos. Eu aceitei aquela ideia como sendo a melhor do mundo, sem me questionar se essa opção também era o meu sonho.

Mudei de cidade para estudar. Cursei a faculdade durante quatro anos em período integral, dediquei-me demais, eu me tornei uma das melhores alunas da faculdade com o objetivo inconsciente de continuar recebendo a "aprovação" de minha mãe.

Só compreendi esse movimento inconsciente alguns anos depois de formada.

Sempre amei me autoconhecer e buscar compreender melhor as relações entre as pessoas. Não importa onde eu estivesse, minhas conversas sempre terminavam em um papo profundo sobre os relaciona-mentos e seus desafios. Eu lia inúmeros livros sobre autoconhecimento e desenvolvimento humano.

Meus amigos me ligavam para buscar ajuda para as próprias dificul-dades, eu amava falar a respeito e contribuir, mas nunca pensei que com-preender e colaborar para melhores relações entre pais e filhos pudessem virar a minha profissão.

Mas veja aonde a pergunta do meu filho de cinco anos me levou. Quando falo que nossos filhos nos mostram as nossas feridas, acredite!

Essa é uma verdade inegável. O que diferencia uns dos outros é o quanto estamos dispostos a reconhecer essas dores e encará-las.

E se eu ainda não tivesse encontrado o meu caminho profissional na vida, como será que essa pergunta do meu filho teria sido encarada por mim? Com certeza, me traria dores emocionais que poderiam se transformar em um ataque contra ele, para evitar "sangrar" ainda mais as minhas feridas ou ainda me isolar na dor de não ter conseguido encontrar meu propósito nessa vida. Esse é apenas um exemplo, entre milhares de conflitos que podem acontecer a todo minuto nas relações entre pais e filhos por conta de dores do passado mal resolvidas. Veja o tamanho da importância de nos tornarmos pais mais conscientes e saber separar o que é nosso e o que é de nossos filhos.

Demorou mais tempo do que eu gostaria, mas só fui encontrar o que realmente queria ser na vida aos 40 anos de idade. Depois de ter me tornado mãe e sofrido demais por não saber como lidar com as angústias que sentia, tentando educar e acertar com os meus dois filhos pequenos.

E, hoje, no meu trabalho como Educadora Parental, eu simplesmente respiro a paixão que sempre busquei sentir em um trabalho. Durmo e acordo pensando em formas de ajudar cada vez mais famílias a conhecerem os benefícios de uma educação respeitosa e amorosa, assim como eu conheci.

Encontrar minha missão e propósito de vida me levou a ter um sentimento que jamais havia experimentado antes. A alegria e a gratidão por poder colaborar para que os pais aprendam a educar seus filhos com o amor, a compreensão e a dignidade que cada criança merece.

Contribuir com um mundo melhor, mais pacífico, mais feliz. Nada pode pagar o que sinto por ter descoberto esse lindo caminho de ajudar a proteger a infância. Fase em que a vida começa, em que tudo inicia. Um respeito que muitos da nossa geração não receberam de seus pais, mas que podem aprender a dar aos seus filhos.

CAPÍTULO 6

EQUILIBRANDO
RAZÃO E EMOÇÃO

A inteligência emocional é a capacidade que nos permite reconhecer e gerir os nossos sentimentos, reconhecer os sentimentos dos demais e conseguir de forma eficaz gerir as relações para que sejam mais equilibradas e harmoniosas, não somente com os outros, mas conosco também.

As competências emocionais são capacidades que podem ser desenvolvidas no indivíduo e trazem mudanças positivas para todos os relacionamentos ao longo da vida.

O indivíduo emocionalmente inteligente é aquele que consegue identificar e administrar as suas emoções com mais facilidade. Uma das grandes vantagens das pessoas com bom nível de inteligência emocional é a capacidade de se automotivar e seguir em frente, mesmo diante de frustrações e desilusões da vida.

Isso se aplica muito nas relações com os nossos filhos. Pais que aprendem a usar a razão para controlar suas emoções conseguem manter uma relação mais equilibrada com os seus filhos. Quando usamos a razão para compreender a emoção de forma consciente, estamos desenvolvendo a nossa inteligência emocional. Junto a ela ganhamos a capacidade de controlar impulsos, de usar as emoções com maior equilíbrio e de forma adequada para cada situação, aprendemos a enxergar o lado bom das situações, a praticar a gratidão e principalmente a educar nossos filhos de forma mais assertiva, respeitosa e equilibrada.

Aprender a controlar as emoções e os sentimentos com o intuito de conseguir manter as relações interpessoais saudáveis pode ser considerado um dos principais fatores para o sucesso em qualquer área da vida.

Conseguir tomar decisões racionais para o bem comum, mesmo se sentindo triste ou desanimado, é uma mostra de como a inteligência emocional pode impactar os resultados das pessoas que a desenvolvem. Um exemplo disso na prática é quando os pais cumprem com sua palavra ou fazem o que precisa ser feito para manter a harmonia da família, mesmo quando estão cansados ou chateados.

Pais sem inteligência emocional tendem a "descarregar" suas frustrações em cima dos filhos e essa atitude não resolve nenhuma situação, aliás, só piora.

A inteligência emocional, para grande parte dos estudiosos do comportamento humano, é tão necessária na vida que pode ser considerada mais importante do que a inteligência mental, o conhecido QI (Quociente Intelectual). De que adianta uma pessoa ser extremante inteligente e não conseguir se relacionar bem com as pessoas a sua volta?

Ter um bom nível de autoconhecimento ajuda a interpretar as próprias emoções, a entender o que elas, de fato, querem nos dizer e com isso conseguimos fazer conexões com outros traços da nossa personalidade e aprendemos a lidar da melhor forma com elas.

A auto-observação em relação às próprias emoções nos ajuda a identificar nossas emoções básicas e a entender como elas se manifestam no nosso dia a dia. A inteligência emocional nos ensina também a compreender os sentimentos e comportamentos do outro. Então, todos se beneficiam muito dela.

Quando aprendemos a equilibrar o lado emocional e o racional do cérebro, conseguimos neutralizar aquelas emoções negativas que produzem comportamentos destrutivos. Então, estamos prontos para potencializar as emoções positivas e gerar os resultados mais equilibrados que tanto desejamos.

Dessa forma, abrimos espaço para a construção de relações saudáveis e para a tomada de decisões conscientes, evitando arrependimentos por atos impulsivos e que não poderão ser corrigidos mais tarde.

Veja a história a seguir que reflete bem as consequências da falta de inteligência emocional na relação entre pais e filhos. Ela mostra como as atitudes impensadas podem resultar em arrependimento pelo resto da vida.

Depois de muitos anos de esforço e dedicação, Sr. João chegou em casa todo orgulhoso para mostrar o novo carro que comprara para a família.

Era o primeiro carro novo que conseguia comprar depois de tantas dificuldades enfrentadas e de trabalho duro. Estava muito feliz porque, a partir daquele dia, ele finalmente teria condições de se locomover com um pouco mais de conforto e velocidade.

No dia seguinte, quando chegou em casa, estacionou o carro na garagem e, poucos minutos depois, viu o filho pequeno de quatro anos brincando com a lataria do carro. Quando se aproximou, viu que o filho tinha arranhado toda a lateral do novo carro com o ferro que separava as rodas de seu carrinho. Ele se descontrolou, ficou furioso e, sem pensar duas vezes, fora de si, pegou o cinto para bater no menino que gritava de dor e desespero sem entender o que estava acontecendo.

Nesse momento, a mãe chegou para socorrer o filho. Desesperada e chorando junto com a criança, conseguiu parar a atitude descontrolada do marido. O menino ficou com o corpo tão machucado pela força usada pelo pai na hora das cintadas que mal conseguiu dormir à noite, de tanta dor.

Após alguns minutos, quando o pai viu o que fez no corpo do filho, se sentiu profundamente entristecido e arrependido. Foi falar com o menino, pediu desculpas pelo ocorrido e percebeu o quanto aquele arranhão no carro não tinha importância perto de todo o sofrimento que havia causado em seu único filho. Não estava mais bravo, mas sim muito ressentido por ter sido tão duro com uma criança que não fez aquilo por mal, mas, sim, porque não entendia a importância e o valor do carro novo para o pai.

Essa triste história nos mostra como atitudes tomadas por impulso nos momentos de raiva podem deixar marcas profundas nas crianças. Tudo que vemos, ouvimos e sentimos com alto impacto emocional fica registrado em nosso cérebro como memórias que serão lembradas pelo resto da vida. Talvez, hoje, você ainda se lembre com detalhes de algum instante desagradável vivido em sua infância, porque momentos que causam fortes emoções, como medo, susto ou grande insegurança, são considerados pelo nosso cérebro ameaças à vida. Então, esses episódios ficam guardados na "biblioteca" que é o nosso sistema límbico e que existe para nos alertar dos perigos e proteger a vida.

Nos momentos de descontrole emocional, devemos aprender a parar, respirar e esperar a raiva passar para agir, pois será bem mais fácil evitar problemas dessa forma, do que ter que apagar o "incêndio" que nós mesmos causamos em um momento de explosão.

Apenas alguns segundos são necessários para ferirmos as pessoas que mais amamos, e muitas vezes não teremos como curar essa ferida, pois as cicatrizes ficarão pelo resto da vida.

Quando sentir que está fora de controle, pare, respire e reflita sobre suas atitudes. Evite que as consequências sejam irreversíveis, pois não há nada pior para carregar no coração do que o sentimento de remorso ou de culpa por uma atitude impensada.

Conhecendo as próprias emoções

Existem cinco emoções humanas que são muito presentes no nosso dia a dia: tristeza, raiva, medo, alegria e o afeto.

Elas determinam nossa qualidade de vida e quanto mais as compreendemos mais felizes seremos. Seres humanos são mais propensos às emoções negativas do que às positivas, por isso tão importante o autoconhecimento e o uso da razão para compreender a emoção e nos ajudar a focar mais no positivo do que no negativo.

A ciência já provou que todas as emoções da mãe são transferidas para o bebê, mesmo durante a gestação, por isso é tão importante que uma gestante cuide de seu bem-estar físico e emocional.

As emoções humanas devem ser validadas e reconhecidas, elas não precisam ser negadas. Viemos de uma geração rígida e autoritária que reagia mal quando as crianças demonstravam emoções como raiva ou medo aos seus pais. Muitos de nós não tivemos nossas emoções validadas e acabamos repetindo o mesmo padrão com os nossos filhos. Como acolher sem ter sido acolhido?

Quando somos capazes de validar a emoção de um filho com palavras como "tudo bem ficar triste e chorar, eu também fico triste às vezes", estamos ensinando essa criança a lidar e reconhecer as próprias emoções, uma habilidade de vida extraordinária para uma criança aprender durante a infância. Afinal, não podemos escolher uma emoção, mas podemos, sim, escolher as nossas reações. Não é porque estamos bravos ou com raiva que sairemos batendo ou gritando com as pessoas, e disso se trata a inteligência emocional.

Na maioria das vezes, por trás da raiva, existe medo e tristeza, emoções que não foram validadas e acolhidas durante a infância. Pais raivosos tendem a usar uma máscara de proteção para esconder suas feridas de infância que ainda estão latentes e que foram negadas por medo de demonstrar fraqueza ou fragilidade emocional. Quando nos tornamos pais sem inteligência emocional e sem consciência dessas feridas de infância, tendemos a passar esse descontrole para os nossos filhos. Afinal, como ensinar um filho a lidar com sua frustração e raiva se os próprios pais ainda não aprenderam a fazer isso. Percebe a importância de aprender a usar a razão para gerenciar as emoções?

Precisamos aprender a usar a nossa razão para compreender e validar as nossas emoções e decidir conscientemente como lidar com elas.

Quantos adultos até hoje não sabem lidar com o que sentem? Claro. Não foram ensinados a fazer isso e não buscaram aprender ao longo da vida. Mas nunca será tarde para mudar e aprender a agir de outras formas.

O "sequestro" da amígdala e as reações impulsivas

Aqui me refiro à amígdala cerebral e não à amígdala que temos na garganta.

A amígdala é uma estrutura cerebral altamente envolvida nas nossas reações emocionais e na aprendizagem de conteúdo emocionalmente importante. É o centro que identifica os perigos, gerando medo e ansiedade e que nos coloca em situação de alerta, nos preparando para lutar ou fugir. Ela faz parte do nosso sistema límbico, que é o responsável por controlar as emoções. Há muitas evidências que identificam a amígdala como uma das regiões cerebrais mais importantes para a ocorrência do comportamento agressivo no ser humano.

Você provavelmente já viveu uma situação em que teve uma reação exagerada e logo depois se arrependeu de ter agido daquela forma. A amígdala é como se fosse um radar do cérebro para captar qualquer sinal de ameaça à vida. É capaz de detectar uma ameaça em poucos segundos e quando isso acontece ela "desativa" a nossa razão. Quando somos dominados por ela, o córtex frontal é desativado e deixamos de pensar ou de tomar decisões racionais.

Sabe quando alguém trata você injustamente ou quando faltam com respeito e você reage imediatamente perdendo a cabeça? Ou ainda quando seu filho não quer escutar o que você já pediu para ele fazer mais de mil vezes ou quando ele faz uma "birra" incontrolável no meio do *shopping* e então você perde a cabeça, grita, bate e castiga para se arrepender cinco minutos depois?

Nesses momentos, você, provavelmente, sofreu um "sequestro" da amígdala e foi totalmente dominado pelas suas emoções. Nessa situação não conseguimos escutar as pessoas com atenção e nem usar a flexibilidade para avaliar nossas atitudes.

É como se perdêssemos a lucidez por alguns segundos e, quando menos esperamos, já falamos o que não deveríamos ou causamos uma situação constrangedora e desnecessária. Quando, depois de alguns segundos, nos damos conta de que agimos por impulso e o efeito do "sequestro" passa, percebemos que não deveríamos ter agido daquela maneira explosiva.

O melhor que temos a fazer para evitar esse arrependimento é prevenir o estrago que fazemos quando explodimos. Sempre falo que dá mais trabalho apagar o incêndio que causamos com nossas atitudes emocionais e impulsivas do que evitá-lo. Respirar fundo, contar até dez ou se afastar da situação por alguns segundos pode ser o tempo suficiente para que você recupere a razão antes de agir por impulso e se arrepender.

Quando eu ainda estava treinando essa habilidade de me controlar, sempre que meus filhos me tiravam do sério, eu ia para o meu *closet* e me escondia lá para respirar sozinha. Após um ou dois minutos, mais calma e consciente, eu retomava com mais tranquilidade e equilíbrio. Essa pausa positiva é extremamente necessária quando se trata de aprender a reconhecer e controlar as nossas reações às emoções.

Importante lembrar que as crianças também possuem essa mesma reação e isso explica o porquê de elas reagirem tão mal à frustração. A diferença é que elas ainda não possuem a maturidade cerebral necessária para usar a razão e controlar o que sentem. Elas desenvolverão essa habilidade com o tempo, com a maturidade e, principalmente, com o modelo dos pais.

A importância de nomear as emoções corretamente para as crianças

Muitos pais, por não compreenderem bem suas emoções e por não saberem responder de forma racional a elas, acabam ensinando o mesmo modelo aos filhos pelas suas atitudes, muitas vezes desmedidas. As crianças precisam saber que tudo bem sentir medo, raiva, frustração, alegria, tristeza ou qualquer outra emoção. Todas as emoções são válidas e fazem parte do ser humano. A questão não é o que sentimos, mas o que fazemos com o que sentimos.

As gerações passadas não acolhiam e muito menos validavam as emoções dos filhos, então muitas crianças cresceram sem saber lidar com o que sentiam e se tornaram adultos que aprenderam a reprimir suas emoções, pois chorar ou sentir raiva era motivo para críticas, julgamentos e até castigos. Frases como "engula esse choro", "já vou dar um motivo para você chorar de verdade", "pare com isso, que não foi nada" eram comumente usadas para se dirigir às crianças. Então, como acolher a emoção dos filhos que não foi acolhida, primeiramente, dentro de nós? Como permitir que os filhos sintam se não fomos permitidos a fazer isso?

Aprender a lidar com as emoções é a grande qualidade do século, isso sim é uma verdadeira riqueza, porque elas têm o poder de construir, mas quando mal geridas, também têm o poder de destruir nossas relações.

Precisamos ajudar as crianças a nomear o que sentem. "Filho, percebi que você está triste porque seu carrinho quebrou", em vez de dizer: "Pare com isso, que não foi nada". Ficar triste faz parte da vida e as crianças podem, sim, aprender a lidar com o que sentem se os pais as ajudarem nessa jornada. Imagine o benefício para a vida de um ser humano poder crescer compreendendo e administrando suas emoções? Teríamos adolescentes muito mais bem resolvidos e adultos muito mais potentes.

Um grande exemplo de como os pais podem confundir as emoções dos filhos é usando aquela famosa frase: "Mamãe vai ficar triste com você".

Você costuma dizer essa frase para os seus filhos? Se sim, é importante entender o efeito dessa fala, que aparentemente é tão inocente. Imagine uma criança, que tem os pais como seres maravilhosos, necessários e fundamentais em sua vida, escutar os pais dizerem que ela é a responsável pela tristeza deles?

Que tipos de sentimentos serão despertados nessa criança? A de que é culpada e responsável pela felicidade das pessoas mais importantes de sua vida? E o tamanho da impotência que essa carga causará nesse pequeno ser? Será que quando seu filho não faz o que você quer, você realmente fica triste? Ou essa é apenas uma forma desesperada de conseguir que seu filho faça o que você deseja?

Gera muita confusão emocional nas crianças ver adultos, que na verdade estão bravos e irritados, dizendo que estão tristes. O ideal é nomear os fatos como realmente são: "Não pode ligar o fogão sozinho porque é perigoso", "Se não comer, pode ficar fraco e doente", "Se não tomar banho, vai ficar sujo e fedido", e não deixar os pais tristes. Ela não deve sentir que é a responsável por fazer a mãe feliz, até porque não é. Nossas emoções são nossas e, portanto, somos os únicos responsáveis pelo que fazemos com elas.

Quando os pais usam essa fala como forma de convencer um filho a fazer o que eles desejam, a criança pode mesmo se convencer de que é "culpada". Não precisamos gerar um sentimento de culpa para fazer com que a criança faça o que precisa ser feito. A culpa paralisa, vitimiza e contribui para desenvolver a autoestima e o senso de capacidade das crianças.

Então, que tal trocar "Mamãe está triste com você" por "Mamãe te ama e confia na sua capacidade de fazer o que precisa ser feito". Dedique-se a praticar uma forma mais positiva e equilibrada de comunicar e validar as suas emoções e das suas crianças sem gerar sentimento de culpa ou inadequação.

O poder da empatia no equilíbrio emocional

A empatia é um dos pilares mais importantes da inteligência emocional, sem ela não temos como nos colocar no lugar do outro de forma honesta e verdadeira.

Amo a forma como Carl Rogers, famoso psicólogo americano, falava sobre a empatia:

Pais que evoluem

Ao contrário do que eu pensava anteriormente, empatia é mais um processo do que um estado, e este modo empático de estar com outra pessoa apresenta várias facetas: é penetrar no mundo perceptivo de outra pessoa e se sentir completamente em casa.

Significa ter sensibilidade, momento a momento, para perceber as constantes mudanças internas dessa outra pessoa, do medo, a raiva, fragilidade, confusão, ou qualquer outro sentimento que ela esteja experimentando naquele momento.

Significa viver temporariamente a vida do outro, morar ali dentro, e se mover ali de forma muito delicada, sem fazer nenhum tipo de julgamento, buscando perceber sentimentos que ela provavelmente não tomou consciência, bem como procurando não reprimir os sentimentos que pareçam ameaçadores e que ela porventura já tenha percebido. Inclui ainda a comunicação atenta do que você percebe daquele outro mundo, com seu olhar reflexivo e amigável, sobre os elementos que possivelmente a outra pessoa ainda teme.

Consiste em constantemente conferir com essa pessoa se a sua percepção está sendo correta e se guiar por suas respostas. E, sendo assim, ao ser guiado por essas respostas, você se torna um companheiro confiável a partir de seu mundo, por apontar-lhe possíveis significados latentes em seu fluxo de experiências.

Dessa forma, você a ajuda a permanecer focada nesses referenciais internos, que a permitirão ter uma percepção pessoal mais completa para atravessar aquela experiência. Estar com o outro dessa forma é pôr de lado seus valores e visões pessoais, de modo que possa entrar no mundo desse outro despido de preconceitos...

Ao trazermos essas palavras para a nossa relação com os nossos filhos, conseguimos perceber quantos conflitos desnecessários teriam sido evitados pelo simples uso da empatia, de estarmos abertos, observando e realmente recebendo a mensagem que eles desejam nos passar.

Quando nos sentimos aceitos e considerados, e isso inclui as crianças, tendemos a desenvolver uma atitude de maior consideração pelo momento vivido. Quando somos ouvidos de modo empático, isso nos possibilita compreender mais cuidadosamente o que sentimos.

Quanto mais nos conectamos com os sentimentos e necessidades por trás das palavras dos nossos filhos, mais próximos nos tornamos deles. Muitas vezes, por medo de perdermos a posição de autoridade ou controle, podemos ficar relutantes em criar essa conexão, mas não existe educação respeitosa e não violenta sem grandes doses de empatia e conexão.

A empatia está intimamente ligada ao amor, ao interesse pelo próximo e à capacidade de querer ajudar. Quando um indivíduo consegue sentir a dor ou o sofrimento do outro ao se colocar no seu lugar, desperta o desejo de ajudar, de contribuir para aliviar a dor do outro. Pais que conseguem olhar para seus filhos com empatia acabam desenvolvendo uma relação de proximidade e cumplicidade com eles, sem sair da sua posição de autoridade.

Ser empático nos dá a possibilidade de nos colocarmos no lugar dos nossos filhos e de oferecermos aquilo que eles de fato necessitam e não o que acreditamos que eles necessitem. Talvez o que o seu filho precise hoje não é exatamente o mesmo que você precisava quando era uma criança.

Quando trazemos esse olhar para a relação pais e filhos, podemos identificar claramente como muitos de nós damos a eles aquilo que precisávamos quando éramos uma criança ou aquilo que achamos que é o melhor com base na infância que tivemos e esquecemos ao considerar o que o nosso filho realmente precisa, levando em consideração a criança que ele é, e não a criança que fomos.

Nossos filhos são diferentes de nós, portanto, suas necessidades também. Vale ainda lembrar que uma criança é diferente da outra e o que é bom para uma pode não ser o melhor para a outra. Talvez você tenha um filho que precise de mais atenção do que o outro, por isso é tão importante desenvolvermos a empatia para melhorar a qualidade de conexão e intimidade com cada membro da nossa família.

Como a empatia de um pai pode ajudar o filho

Pela primeira vez, José Luiz, com seus seis anos de idade, estava com seu pai Marcos no alto da montanha para soltar a pipa que ganhou em seu aniversário. A ansiedade em ver aquela águia de papel voando no alto do céu era enorme. Ele havia visto em um filme um garoto que adorava soltar pipas. Achou o máximo!

Quando o pai ficou sabendo, logo providenciou o presente. O momento estava acontecendo. Pai e filho estavam realizando aquele sonho, em um sábado à tarde, tão esperado!

Marcos explicou o passo a passo, enquanto soltava a linha para ver a pipa começar a voar. José Luiz mal piscava. Seus olhinhos brilhavam de alegria! A brisa no local era suficiente para manter a pipa no ar e os cabelos do menino balançavam levemente com o vento que batia.

— *Veja, filho! É assim que se solta a pipa! – gritou Marcos, enquanto corria com passos para trás. José Luiz o acompanhava.*

A águia ganhou a autonomia esperada e foi avançando para o alto. Marcos olhava para o filho, que gargalhava e pulava de alegria. Mas sempre com um braço esticado demonstrando muita vontade de segurar o fio da pipa.

— *Filho, agora ela está estabilizada – disse Marcos — Segure-a você! – afirmou o pai, com imenso sorriso.*

José Luiz estampou em seu rosto a responsabilidade e uma imensa satisfação ao segurar o fio da pipa. Ficou parado no lugar e olhava para a pipa, apreciando com imensa felicidade.

— *Segure firme! – disse o pai, ao colocar suas duas mãos na cintura.*

Marcos relaxou. Começou a apreciar a paisagem ao redor e eventualmente controlava se estava tudo bem com o filho e sua pipa.

— *Está indo bem, meu filho! É isso mesmo! – disse Marcos.*

Entre uma olhada e outra percebeu naquele instante que o fio da pipa arrebentara. E sem ter o que fazer, o vento rapidamente levou a águia para um lugar muito distante. Mas José Luiz ainda segurava firme o fio solto em suas mãos. — *Filho! – disse o pai.*

José Luiz parecia paralisado. Com os olhos arregalados, ele demonstrava que não estava acreditando no que acabava de acontecer. Em seguida, Marcos percebeu que os olhinhos de José Luiz estavam cheios de lágrimas. Foi logo abraçá-lo.

— *Sei a dor que você está sentindo, meu filho! – disse Marcos – Eu também perdi pipas quando era criança. Eu prometo que a próxima pipa nós dois vamos construir juntos, com o material que eu vou comprar, mais resistente, e isso não irá acontecer novamente. Ok?*

— *Ok. Obrigado, papai! Eu quero muito outra pipa! – disse José Luiz, com seu choro embargado.*

Marcos percebeu que o abraço de conforto e as suas palavras puderam refazer e reconstruir a situação emocional do filho. Os dois saíram da montanha com o propósito de criar novas oportunidades com esse lazer, tão almejado por José Luiz.

Nesse caso, o pai conseguiu sentir a dor do filho em perder a pipa, que para ele era tão especial naquele momento. José Luiz, apesar da decepção de ver o vento levar sua pipa embora, certamente guardará a lembrança desse dia com o olhar e as palavras do pai, guardadas com amor em sua memória. Muito diferente seria se um pai, sem empatia, culpasse a criança por ter deixado isso acontecer. O poder da empatia nas relações humanas pode transformar positivamente até as piores relações.

Essas lembranças positivas de amor e conexão poderão ser acessadas em momentos de desafios futuros e utilizadas como referência de capacidade de superar as dificuldades e as frustrações ao longo da vida.

Saber se relacionar bem com o outro

Um ponto-chave para o equilíbrio emocional é saber se relacionar bem com as pessoas e compreender as emoções dos outros. Isso criará um ambiente mais harmonioso, melhorando não só a sua qualidade de vida, mas também facilitando a convivência com todos a sua volta.

Aprender a ouvir outros pontos de vista sem querer travar uma batalha. Aceitar as diferentes personalidades dos nossos filhos ou do cônjuge sem querer impor sua opinião como uma verdade absoluta é um bom começo para dar liberdade de expressão para as pessoas que convivem com você.

O excesso de rigidez para aceitar a visão de outras pessoas é um sintoma de falta de inteligência emocional. Não precisamos provar nada a ninguém nem desejamos ser o dono da razão quando estamos em paz com as nossas emoções.

Quando nos falta essa habilidade, acabamos criando uma muralha de proteção que nos afasta dos demais. Sabe quando nos sentimos sozinhos na multidão? É exatamente isso. Estamos presentes fisicamente, porém desconectados emocionalmente.

Sem a capacidade de se conectar com outras pessoas, o sentimento de isolamento e solidão se instala. E muitos filhos se sentem distantes de seus pais, justamente pela ausência dessa habilidade de se conectar por parte da mãe ou do pai.

Lembre-se de que todas as suas emoções influenciam diretamente nas suas decisões, nos seus relacionamentos interpessoais e em todas as áreas da sua vida. Usar a razão para compreender suas emoções será o início de uma grande transformação.

CAPÍTULO 7

A IMPORTÂNCIA DO APEGO SEGURO NA INFÂNCIA

Relação mãe e filho – o primeiro relacionamento que temos na vida

A característica mais importante dos seres humanos é a necessidade de conexão e o desejo de formar e manter relacionamentos. O primeiro relacionamento que temos na vida é com a nossa mãe e dele depende a nossa sobrevivência.

Os relacionamentos que formamos posteriormente ao longo da vida terão como base a primeira experiência que tivemos com nossa mãe e afetará, positiva ou negativamente, todos os outros relacionamentos que teremos na escola, no trabalho, na sociedade, com pessoas próximas e com os futuros amores.

Entre os maiores desafios que encontraremos nas nossas relações humanas, as mais intensas, agradáveis ou dolorosas serão aquelas com nossa família e amigos. Dentro desse núcleo de relacionamentos, nos ligamos uns aos outros pelo amor e pela conexão emocional que desenvolvemos com cada uma dessas pessoas, tendo como base a primeira experiência de amor com nossa mãe.

Pais que evoluem

Se no início da vida fomos amados, acolhidos, desejados e cuidados, nos desenvolvemos com segurança e apego e teremos grandes chances de buscar relações saudáveis no futuro; se, em vez disso, fomos rejeitados, ignorados, privados de amor e atenção e muitas vezes até de alimento, cresceremos em constante estado de alerta, de ameaça e medo, então nossas relações futuras tendem a ser inseguras, doloridas ou até mesmo tóxicas.

Segundo o Dr. Bruce Perry, psiquiatra americano, especialista em trauma infantil, a capacidade e o desejo de formar relacionamentos emocionais estão relacionados à organização e ao funcionamento de partes específicas do cérebro humano.

Assim como o cérebro nos permite ver, cheirar, provar, pensar, conversar e se mover, é o órgão que nos permite amar ou não. Os sistemas no cérebro humano que nos permitem formar e manter relacionamentos emocionais se desenvolvem durante a infância, nos primeiros anos de vida. As experiências que tivemos durante esse período inicial e desafiador da vida humana são críticas para moldar a capacidade de formar relacionamentos íntimos e emocionalmente saudáveis ao longo da nossa vida. Equilíbrio emocional, empatia, carinho, capacidade de amar e ser amado, e outras características de uma pessoa adulta saudável, feliz e próspera estão relacionadas à qualidade do apego emocional seguro que foi estabelecido durante a primeira infância.

Afinal, o que significa estabelecer um apego seguro com os filhos?

O apego seguro refere-se à qualidade do vínculo especial que se forma na relação entre mãe e filho desde o útero até os primeiros três anos de vida. Alguns pontos importantes, como a durabilidade e a estabilidade do vínculo, devem ser levados em consideração quando se trata de avaliar a qualidade desse apego. O relacionamento próximo e saudável entre mãe e filho, nesse período da vida, traz segurança, conforto, calma e prazer. A simples ameaça de perda da mãe ou do cuidador causa intenso sofrimento à criança, por isso os pais devem ser cuidadosos para dar a segurança emocional necessária para que esse vínculo seja bem estabelecido nessa fase da vida.

A qualidade desse vínculo é importante para o desenvolvimento futuro da criança. Um apego emocional saudável a uma mãe presente e amorosa durante o início da vida está associado à alta probabilidade de relacionamentos saudáveis com outras pessoas, enquanto o apego inseguro à mãe está associado a uma série de problemas emocionais e comportamentais mais tarde na vida.

Mães que ameaçam os filhos de abandono ou que não demonstram conexão, afeto ou cuidados básicos de proteção e alimentação no início da vida colocam em risco a segurança emocional dos seus filhos.

A importância do vínculo

O vínculo envolve um conjunto de comportamentos que ajudam mãe e filho a criar uma conexão emocional, ou seja, o apego. Temos grande capacidade biológica de nos conectarmos com nossos cuidadores e de formar vínculos com eles, especialmente importantes no início da vida, quando ainda somos 100% dependentes de nossa mãe para sobreviver.

Por intermédio dessa dependência primária e da resposta materna a essa dependência que um relacionamento se desenvolve. Esse apego é crucial para a sobrevivência.

Uma mãe emocionalmente saudável será atraída por seu bebê. Ela sentirá um forte desejo de cuidar, proteger, cheirar, abraçar, balançar, nutrir e olhar para seu bebê e a criança corresponde positivamente a esse afeto. Na maioria dos casos, os comportamentos da mãe trazem prazer, calma e nutrição ao bebê e os comportamentos da criança trazem prazer e satisfação à mãe. Esse ciclo de dar e receber entre mãe e filho é que desenvolve o apego seguro.

Sem um cuidado previsível, constante, receptivo e afetuoso, o potencial da criança para vínculos e apegos normais não será realizado, pois os sistemas cerebrais responsáveis por relacionamentos emocionais saudáveis não se desenvolverão de maneira ideal sem os tipos certos de experiências, nos momentos certos da vida.

Segurar, balançar, cantar, alimentar, olhar, beijar e outros comportamentos de carinho envolvidos no cuidado de bebês e crianças pequenas são experiências de união importantes.

Existem fatores que precisam ser considerados nessa fase da vida como a quantidade de tempo juntos, as interações físicas com a criança, o contato visual, a proximidade e o toque. Muitos cientistas acreditam que o fator mais importante na criação do apego seguro é o contato físico estabelecido de forma positiva como abraçar, beijar e dar colo. Essas atitudes disparam atividades neuroquímicas específicas no cérebro, que levam à organização normal dos sistemas cerebrais responsáveis pelo apego. Portanto, a qualidade do apego à mãe durante a infância determinará a qualidade dos nossos futuros relacionamentos.

Por isso, sempre falo que educar de forma respeitosa e assertiva é ciência. Não é instintivo. Percebem como esse tipo de informação muda o nosso olhar para a infância? Quando negamos colo ou aconchego para uma criança pequena que está fazendo "birra" ou chorando desesperadamente, não estamos ensinando nada de positivo a ela. Ela não vai entender esse "desprezo" como uma lição, mas sim como um abandono. Com esse tipo de atitude, estaremos, na verdade, passando a mensagem de que "suas emoções não são importantes", "não conte comigo quando você mais precisar", "só gosto de você quando se comporta bem". Muitos pais agem dessa forma porque foi assim que aprenderam e, por não compreenderem as consequências de suas atitudes, seguem repetindo um padrão extremamente negativo ao longo de toda a infância de seus filhos.

O tempo importa

Durante os primeiros três anos de vida, o cérebro humano apresenta quase o tamanho total que terá na fase adulta e utiliza a maioria dos sistemas que serão responsáveis por todo o funcionamento emocional e comportamental que teremos durante a vida. Segundo Perry, existem períodos críticos durante os quais as experiências de ligação devem estar presentes para que os sistemas cerebrais responsáveis pelo apego se desenvolvam normalmente.

> Esses períodos críticos parecem ocorrer no primeiro ano de vida e estão relacionados à capacidade do bebê e do cuidador de desenvolver um relacionamento interativo positivo. O impacto do vínculo comprometido na primeira infância varia. Com grave negligência emocional na primeira infância, o impacto pode ser devastador. Crianças sem contato, estímulo e carinho podem literalmente perder a capacidade de formar relacionamentos significativos pelo resto de suas vidas.

Infelizmente existem milhões de crianças que apresentam algum grau de vínculo e apego prejudicados durante a primeira infância e os problemas que surgem como consequência dessa falta de apego seguro podem variar de um leve desconforto nas relações com outras pessoas a problemas sociais e emocionais profundos.

Normalmente, a gravidade dos problemas está diretamente ligada a quão cedo na vida, quão prolongada e grave a negligência emocional ocorreu. Isso não significa que crianças com essas experiências não tenham esperança de desenvolver relacionamentos normais, porém, estudos sugerem que a melhoria pode, sim, ocorrer, mas é um processo longo, difícil e frustrante para muitas famílias. Infelizmente, os danos causados por apenas alguns meses de negligência na infância podem ser suficientes para levar um ser humano a muitos anos de trabalho duro para conseguir estabelecer o equilíbrio novamente.

Realmente somos mais complexos do que parecemos e nem todos os comportamentos inadequados infantis têm a ver apenas com desafiar ou desobedecer aos pais. Crianças que tiveram traumas ou que foram duramente negligenciadas no início da vida podem apresentar problemas comportamentais bem mais evidentes e persistentes do que aquelas que não passaram por esse tipo de situação. Por isso é tão importante levar em consideração a história de vida de cada um. Não existe uma receita de bolo para as relações entre pais e filhos, mas existe o amor e a ciência para nos ajudar a compreender melhor essa relação tão profunda na vida do ser humano.

O impacto da rejeição na infância

Quando os pais rejeitam seus filhos durante a infância, desenvolvem vários problemas nas crianças, mas o mais comum é a grande dificuldade de desenvolver intimidade emocional com outras pessoas.

Normalmente famílias que tiveram casos de abuso no passado, acabam repetindo essas questões de geração em geração. Muitas vezes, o pai negligente foi negligenciado na infância e acaba repetindo o padrão aprendido.

Outro problema que impacta muito as crianças é quando o pai e a mãe acreditam que o filho pequeno precisa cuidar deles. Importante deixar claro que crianças não podem e não devem cuidar de seus pais, elas precisam ser cuidadas. Em muitos casos, os adultos são tão imaturos e desinformados que tratam seus filhos como adultos ou mesmo como outro pai ou mãe. Esse comportamento por parte dos pais rouba a alegria da infância.

Os pais não devem dividir seus problemas de adultos com as crianças. Se está com problemas financeiros, no casamento ou em qualquer área da vida, escolha compartilhar essas dificuldades com outro adulto e não com seus filhos pequenos. Essa atitude só traria sentimentos de preocupação e culpa para eles que nada podem fazer para ajudar seus pais.

Quando uma mãe não foi acolhida na sua infância, ela pode apresentar dificuldades de acolher seus filhos e, então, pode colocar em risco a qualidade do apego que será formado com eles. Por isso, é tão importante educar os pais, para que conheçam as fases de desenvolvimento de uma criança e como suas atitudes podem impactar a integridade emocional dos filhos em longo prazo.

Existem algumas características que podem ser encontradas em crianças que sofreram abusos emocionais ou físicos durante a infância, tais quais atrasos no desenvolvimento da linguagem, nos comportamentos sociais e muita insegurança. Uma série de problemas emocionais é comum nessas crianças, incluindo sintomas depressivos e de ansiedade. Toda criança busca se sentir segura. Outro problema que pode surgir quando a criança sofreu algum tipo de abuso ou rejeição é que elas acabam repetindo o comportamento na maneira de interagir com os amigos e familiares, pois acreditam que aquela é a forma normal de se relacionar com o outro.

Consequências de agressões físicas e emocionais sofridas na infância

O futuro de qualquer sociedade depende de sua capacidade de promover o desenvolvimento saudável das próximas gerações. Inúmeras pesquisas sobre a biologia do estresse mostram que o desenvolvimento saudável de um indivíduo pode ser prejudicado pela exposição excessiva ou prolongada a fatores tóxicos na infância.

Como seres que vivemos em uma sociedade, nos pegamos desejando ardentemente acabar com a violência, com os homicídios e todo tipo de agressão contra a nossa própria espécie. Mas como fazer isso se a maioria das agressões começa dentro de casa, no núcleo familiar?

Precisamos interromper a violência dentro de casa, começando pelo castigo corporal na primeira infância, que atinge todas as classes sociais. Dados da Unicef mostram que aproximadamente 300 milhões de crianças de dois a quatro anos de idade em todo o mundo sofrem, regularmente, disciplina violenta por parte de seus cuidadores ou são punidas com castigos físicos.

A antiga crença de que crianças precisam apanhar para aprender acaba levando muitos pais a agirem de forma extremamente agressiva com seus filhos. E muitos homicídios, infelizmente, são só a última etapa em um ciclo de violência a que crianças e adolescentes estão expostos desde a primeira infância dentro de seu núcleo familiar.

É importante compreendermos que crianças não nascem prontas, elas nascem com um cérebro imaturo e aprendem com o modelo que tiveram na vida. A questão é que crianças que foram agredidas na infância, que passaram por situações muito estressantes ou ameaçadoras, de forma repetitiva, por período prolongado e sem o apoio dos pais ou do adulto cuidador, podem desenvolver o que chamamos de estresse tóxico.

Ele pode acontecer quando os pais negligenciam as necessidades das crianças, quando ocorre abuso físico e emocional ou ainda quando os pais entram em conflito frequentemente, histórico de alcoolismo, de uso de drogas dentro da família e em qualquer situação de estresse constante como em casos de pobreza extrema.

Quando o estresse tóxico acontece, especialmente, nos primeiros três anos de vida, pode ocasionar consequências graves para o desenvolvimento, emocional e neurológico da criança. No estresse tóxico, o sistema límbico, ou de proteção à vida do corpo é ativado excessivamente, aumentando a produção dos hormônios adrenalina e cortisol, e, com isso, a criança entra em um constante estado de alerta, o que pode levá-la a ter dificuldades de aprendizagem, problemas de comportamento, de relacionamento e de saúde ao longo da vida.

É importante ressaltar que o estresse tóxico nada tem a ver com o estresse vivido no dia a dia familiar, quando uma criança recebe um não, chora, faz "birra", está cansada ou com fome. Trata-se de atitudes muito mais sérias e específicas.

Aprender a lidar com as adversidades da vida é uma parte importante do desenvolvimento saudável da criança e quando os pais oferecem um ambiente de apoio emocional seguro, com afeto e cuidados, esses efeitos fisiológicos são amenizados e tendem a voltar ao equilíbrio. No entanto, se a resposta ao estresse for extrema e duradoura e os pais não oferecerem segurança e proteção para a criança, esse estresse poderá afetar a arquitetura do cérebro, com repercussões duradouras ao longo da vida.

Um dos principais problemas com as crianças que são agredidas na infância é o nível de raiva e agressividade que apresentam. Isso acontece porque elas não foram acolhidas emocionalmente quando precisaram de aconchego e muitas vezes não foram consideradas ou validadas por seus pais, não aprenderam a desenvolver o amor próprio nem a empatia.

A capacidade de "entender" o impacto do seu comportamento nos outros fica prejudicada nessas crianças. Elas realmente não conseguem compreender o impacto negativo de suas atitudes, já que aprenderam a se relacionar dessa forma.

Crianças que sofreram agressões também apresentam baixo controle de seus impulsos. Elas geralmente se sentem prontas para atacar e ferir colegas, amigos e familiares. Podem ainda machucar animais, crianças menores que elas, colegas de escola, inclusive os próprios irmãos. Um dos elementos mais preocupantes dessa agressão é que ela geralmente é acompanhada por uma fria e desapegada falta de empatia.

Como ajudar crianças que sofreram agressões na infância?

O amor e a conexão emocional dos pais fazem toda a diferença na vida de crianças que foram maltratadas no início da vida. Se você sente que seus filhos podem apresentar alguma consequência de uma história prévia de agressão, ainda assim tem como ajudá-los no processo de cura.

Essas crianças precisam ser muito amadas, abraçadas, tocadas e acolhidas. O toque, o aconchego, o cuidado atencioso e amoroso ajudam muito as crianças com problemas de apego inseguro. Conecte-se! Brinque! Crie memórias felizes juntos! Existem muitas maneiras de fornecer experiências de substituição que deveriam ter ocorrido durante a infância, mas que podem ser feitas em outros momentos da vida. Certamente, elas precisarão de mais experiências positivas para formar o vínculo e desenvolver o apego de que tanto necessitam.

O afeto e a conexão emocional podem ajudar as crianças a se curarem

Formas de educar positivas e respeitosas consideram o que a criança pensa, sente e decide sobre si mesma. Compreender os motivos do mau comportamento antes de partir para a correção pode melhorar a qualidade do relacionamento entre pais e filhos.

A punição pode realmente aumentar o sentimento de insegurança e angústia na criança. Muitos dos comportamentos dessa criança podem ser confusos e perturbadores para os cuidadores.

Outro ponto importante a ser mencionado é que crianças vítimas de abuso e negligência podem apresentar atraso em seu desenvolvimento emocional e social. E podem regredir quando se sentirem frustradas ou com medo.

Isso significa que uma criança de oito anos, que sofreu abuso físico ou emocional nos primeiros anos de vida, pode se comportar, emocionalmente, como uma criança de três ou quatro anos. Apesar do desejo dos pais de que ela tenha atitudes correspondentes à idade biológica, não será capaz de agir assim.

Nesses momentos, a interação deve ser feita no nível emocional. Quando estiverem frustradas, tristes, cansadas ou chorando, os pais devem acolher com interações físicas não verbais e que sejam agradáveis e gentis. Segurar, beijar ou, ainda, abraçar em silêncio. Nessa hora, não tente usar argumentos verbais ou lógicos sobre as consequências de um comportamento inadequado.

Seja gentil, consistente, previsível e repetitivo, pois crianças maltratadas com problemas de apego são sensíveis a mudanças de horário, transições, surpresas e a qualquer novo panorama, em geral. Situações sociais tumultuadas as sobrecarregarão, mesmo que sejam agradáveis. Festas de aniversário, eventos na escola, férias, viagens em família, o início do ano letivo e o final do ano, tudo isso pode trazer angústia para essas crianças.

Por esse motivo, qualquer esforço que possa ser feito de forma consistente, previsível e repetitiva será importante para que essas crianças se sintam seguras e protegidas. Quando elas se sentem acolhidas, podem se beneficiar das experiências emocionais e sociais que proporcionamos a elas.

Ensine comportamentos sociais apropriados

Muitas crianças negligenciadas na infância não sabem como interagir com outras pessoas. Uma das melhores maneiras de ensiná-las é modelar isso em seus comportamentos e depois explicar para elas o que você está fazendo e por quê.

Além de ser um bom modelo, você pode "treinar" crianças maltratadas enquanto brincam com outras crianças. Use frases como: "Filho, quando você pega o brinquedo do colega sem pedir, ele provavelmente se sente muito chateado. Portanto, peça educadamente antes de pegar o brinquedo".

Quando as crianças brincam com outras de maneira mais eficaz, elas conseguem desenvolver mais a autoestima e a autoconfiança. Com a prática e o passar do tempo, as relações com as demais crianças tornarão seu filho mais habilitado socialmente e menos propenso à agressividade.

Uma área em que elas comumente apresentam problemas é sobre como modular o contato físico apropriado. Não sabem quando abraçar, se afastar ou se aproximar dos outros, estabelecer ou interromper o contato visual. Crianças com problemas de apego frequentemente iniciam contato físico com abraços ou dar as mãos a estranhos. Os adultos podem interpretar a atitude como comportamento afetuoso, porém não é. Esse comportamento, na verdade, é como se fosse uma súplica por acolhimento e atenção e acaba sendo socialmente inadequado. A forma como os pais lidam com esse contato físico inadequado fará uma grande diferença.

Não tente ensinar sobre esse tipo de comportamento no momento em que ocorre. Podemos orientar, gentilmente, a criança sobre como interagir de maneira diferente com adultos e outras crianças, agindo mais do que falando. Por exemplo, direcionando a criança para mudar de lugar: "Por que você não se senta aqui comigo?".

É importante esclarecer essas lições usando o mínimo de palavras possível e também é igualmente importante explicar de uma maneira que não faça a criança se sentir mal ou culpada.

Envolva-se emocionalmente

Quando paramos para escutar as crianças, começamos a perceber a quantidade de informações que elas nos passam das mais variadas maneiras. No momento em que ficamos quietos, apenas interagindo, vamos descobrindo a forma como elas veem o mundo, como se sentem e podemos, então, receber muitas pistas sobre o mundo interno delas.

No entanto, ainda que pareça fácil, pode ser muito desafiador para os adultos conseguirem parar sem se preocupar com o celular, com o *e-mail* ou com a próxima atividade do dia e realmente se entregar para aproveitar aquele momento especial com a criança. Dedique-se a fazer isso! Você irá se surpreender com os resultados positivos e seu filho sentirá que está lá totalmente presente naquele momento junto a ele.

Nessas horas, pode acessar e ensinar melhor essa criança. É uma ótima oportunidade para falar sobre os sentimentos e explicar que todas essas sensações e emoções são aceitáveis, que está tudo bem ficar feliz, triste ou com raiva.

Validar as emoções faz com que a criança não se sinta inadequada. Mas também podemos ensinar como reagir quando sentimentos negativos vierem à tona, como a raiva, por exemplo. Conversas como "Tudo bem sentir raiva, filho! Mas não é porque você está bravo que vai poder bater no seu amigo".

Ensine a respeito de empatia e fale sobre como as outras pessoas podem se sentir ou como elas mostram seus sentimentos. Diga: "Como você acha que seu amigo se sente quando você grita com ele?".

Fazer perguntas sobre como a criança se sente quando percebe que está feliz, triste ou brava, vai ajudá-la a nomear as próprias emoções. Esse é o início do desenvolvimento do equilíbrio emocional.

Pais que evoluem

Para trazer mais esperança para as crianças que sofreram algum tipo de negligência na primeira infância, a característica mais notável dos seres humanos é a flexibilidade do nosso cérebro e a capacidade de se ajustar a novas situações. Podemos superar traumas, ressignificar crenças limitantes e aprender novas formas de nos relacionar por meio do amor, da empatia e da compaixão. O amor cura, ensina e transforma. Confie nisso!

CAPÍTULO 8

AS BASES DE UMA
EDUCAÇÃO RESPEITOSA

Gosto muito de falar que uma educação respeitosa começa com a reeducação emocional dos pais. Sim. Sem esse olhar crítico sobre as atitudes automáticas e repetitivas que temos ao longo da vida sem se questionar, seria impossível mudar nossas atitudes. Sem esse entendimento, será difícil abrir espaço para que mudanças positivas ocorram no comportamento dos filhos.

Precisamos também compreender que criar não é o mesmo que educar. E educar de forma assertiva e respeitosa é ainda mais desafiador.

O ato de dar banho, alimentar, comprar roupas e pagar a escola não significa que você está educando seu filho para se tornar o melhor que ele pode ser. Essa tarefa de criar pode ser desempenhada por qualquer adulto responsável.

Mas quando menciono educar com respeito, falo de:

Educar e não de ferir;
Aceitar e não de criticar;
Validar e não de julgar;

115

Respeitar para ser respeitado;

Amar mesmo diante dos erros;

Colocar limites, sim, porém de forma digna;

Valores de vida, paciência, persistência;

Presença emocional, sim, presença física não é o mesmo que presença emocional;

Cuidar para não passar as feridas que são suas para quem não tem nada a ver com isso;

Ter humildade para reconhecer que sempre teremos muito para melhorar e aprender, especialmente, como pais.

Esse papel de passar importantes valores de vida, de ensinar a respeitar as regras e o próximo, de ensinar a ser responsável e capaz, de ser honesto e cumpridor da palavra, é dos pais. Não é da escola, nem da babá, nem da professora. Educar dá muito trabalho mesmo. Precisamos aprender a honrar essa missão e deixar seres humanos mais equilibrados neste mundo.

Princípios básicos de uma educação respeitosa

Segundo Alfred Adler, médico psiquiatra austríaco, que estudou as bases emocionais de um indivíduo, todas as pessoas, incluindo as crianças, merecem ser tratadas com dignidade e respeito. Ele considerou que o ser humano busca fazer parte, se sentir incluído e apreciado no meio onde vive. O primeiro lugar onde precisamos nos sentir parte é dentro da nossa família, posteriormente na escola, na sociedade, no trabalho e no meio social em que vivemos. Existe ainda um grande desejo inato de buscarmos nos sentir úteis, capazes e independentes. Ele chamou essas necessidades emocionais do ser humano de: pertencimento e significância.

Sentimento de pertencimento e significância

Uma vez satisfeitas as necessidades físicas básicas por alimento e proteção de uma criança, são duas as necessidades emocionais fundamentais: pertencimento e significância.

Para a criança, um sentimento de pertencimento significa sentir-se positivamente conectada às pessoas que mais importam, seus pais e irmãos. Mas também inclui amigos, professores e colegas.

Todos nós temos uma necessidade humana básica de pertencer e nos sentir emocionalmente conectados. Grande parte da conexão emocional que os filhos precisam vem da atenção positiva que recebem de seus pais.

O sentimento de significância é alcançado quando os pais dão espaço para as crianças se sentirem úteis e capazes. O ser humano nasce com grande desejo de contribuir, de sentir que tem poder sobre sua vida e suas escolhas.

Quando negamos esse direito aos nossos filhos, eles se rebelam e buscam por esse "poder" da forma que já conhecemos: por meio dos desafios comportamentais e das lutas por poder.

Claro que uma criança pequena ainda não sabe o que é certo ou errado, ela vai aprendendo conforme cresce, porém os pais podem permitir que exerça sua liberdade de escolha de acordo com a fase de desenvolvimento.

Um menino ou menina de dois anos já pode começar a guardar os brinquedos quando termina de brincar, já pode escolher a meia, a blusa ou a cor da calça que deseja usar. Então, por que não permitir que a criança faça suas escolhas e se sinta capaz? Muitas vezes, a necessidade de controle dos pais fala mais alto, impedindo que a criança experimente essa sensação de "poder" e isso vai minando o senso de capacidade dos filhos.

Pense em mau comportamento como um sinal de alerta

As crianças não estão se comportando mal para atacar os pais, elas simplesmente não descobriram uma maneira positiva de ter suas necessidades de pertencimento e significância alcançadas, então quando não se sentem bem, capazes ou importantes para os pais, acabam partindo para o mau comportamento.

Imagine a seguinte cena – seu filho vai até você e diz: — *Eu sou uma criança e só quero me sentir aceita por você.*

Como você reagiria? Certamente você iria abraçá-la, dizer que a ama, e quem sabe até brincar ou fazer algo juntos para se divertirem, não é mesmo?

Agora, imagine seu filho em um momento desafiador, como quando ele se recusa a comer ou a fazer o que você pede. Você sabe que ele está com fome, pois já faz horas que ele não se alimenta. Você insiste para ele comer um pouco, mas seu filho insiste em dizer que não quer e empurra o prato.

Provavelmente, nesse momento, você se sente perdido, desprezado, desafiado ou desrespeitado. E talvez decida deixá-lo de castigo ou tirar algo que ele goste como forma de punição.

E se você descobrisse que, nessas duas situações, a mensagem enviada pela criança é a mesma? Como seria? Certamente um novo horizonte surgiria diante dos seus olhos. E é esse novo olhar que gostaria de apresentar a você.

Sim, nessas duas situações a criança está apenas dizendo: — *Eu sou uma criança e só quero me sentir aceita por você.*

Sei que a princípio pode não fazer muito sentido para você, mas seu filho busca atingir seus objetivos por atenção com comportamentos equivocados. São atitudes e comportamentos desafiadores, motivados pelos desejos de ser aceito e se sentir importante, porém, de forma negativa. Geralmente, são crianças não encorajadas o suficiente, e que estão com seus "baldes" emocionais vazios.

Tenha sempre em mente que crianças só desejam se sentir aceitas.

Se as crianças pudessem verbalizar o que sentem quando estão buscando chamar sua atenção desesperadamente, seria algo do tipo:

— *Não me sinto importante agora e gostaria de um pouco do seu tempo e atenção. Parece que você está mais interessada em fazer todas as outras coisas do que em mim.*

Assim surgem os comportamentos inadequados. Quando as crianças não conseguem colocar seus sentimentos em palavras, choramingam, gritam, se apegam aos pais exageradamente ou agem de maneira excessivamente carente.

"Baldes" que precisamos encher todos os dias

Imagine que seu filho tenha dois "baldes". Um "balde" é o pertencimento; o outro, a significância (poder). Se desejamos que as crianças se comportem melhor e que cresçam se sentindo seguras, amadas, capazes e fortes, então devemos encher esses "baldes" todos os dias. Quando as crianças preenchem suas necessidades emocionais básicas por pertencimento e poder, se sentem amadas, aceitas, repletas de satisfação e se comportam de modo mais adequado porque se sentem melhor. E aqui começamos a compreender o que está por trás de grande parte do mau comportamento infantil.

Enchendo o "balde" do pertencimento

Para encher o "balde" de pertencimento das crianças, dedique um tempo de qualidade diariamente para cada filho, mas que seja de presença física e emocional, longe de celulares, de distrações ou de preocupação com tudo que você ainda precisa fazer antes de terminar o dia.

Nesse tempo, faça algo que seu filho goste, pode ser brincar, andar de bicicleta, montar um quebra-cabeça ou qualquer outra atividade que vocês possam fazer juntos, para criar uma real conexão emocional. Ter um momento em que nada mais importa a não ser vocês dois juntos e presentes naquele instante.

Importante ressaltar que esse tempo de qualidade deve ser bem maior com crianças pequenas. Crianças muito pequenas precisam de mais tempo com os pais, apenas alguns minutos por dia não serão suficientes para suprir as necessidades emocionais delas. Elas realmente precisam de uma grande quantidade de afeto, contato físico e presença emocional para que possam crescer e se desenvolver com segurança, e saiba que a sua presença de qualidade será melhor e mais importante que qualquer presente que você possa pensar em dar ao seu filho, pois as crianças precisam da atenção dos pais, assim como as plantas precisam de água.

Enchendo o "balde" da significância

Para enchermos o "balde" da significância (poder), devemos fazer com que a criança se sinta útil. Ela precisa sentir que desempenha um papel importante no meio onde vive, que pode contribuir de diferentes maneiras positivas e que a cada dia que passa ela pode ter um pouco mais de autonomia sobre suas escolhas.

Permita que seu filho ajude a colocar a mesa, a arrumar a cama, a vestir a roupa sozinho, a colocar o tênis, a meia. Tudo isso são formas da criança se sentir capaz e encorajada. Parece pouco para um adulto, mas é muito para uma criança.

Desde pequenos lutamos para sermos seres independentes e ter algum senso de controle sobre nosso mundo. Uma criança instintivamente reagirá quando um adulto tentar impedi-la de fazer algo que queira. Nosso trabalho como mães e pais é dar às crianças o poder positivo pelo qual tanto anseiam.

Crianças sentem sua "inferioridade" o tempo todo, pelas próprias limitações de tamanho e autonomia ou pelo tamanho de sua dependência. Olham para cima para falar com os adultos, escutam não como resposta para a maioria das coisas que desejam, não alcançam objetos mais altos, muitas vezes não são escutadas ou levadas em consideração.

Não precisamos piorar esse sentimento com críticas, xingamentos, palavras duras, punições ou castigo. A forma como a criança lidará com esse sentimento de "inferioridade" afetará sua vida adulta, por isso tantos adultos inseguros, com medo de ousar, com problemas de baixa estima e de amor próprio.

Aprendemos com as gerações passadas a ser duros e autoritários com as crianças, mas precisamos reaprender sobre a infância. O sucesso nas mais diversas áreas da vida adulta dependerá, em grande parte, de como foram os nossos primeiros anos.

Quando os pais exigem demais ou constantemente ordenam, corrigem e dirigem seus filhos, eles os privam de desenvolver a independência e de exercer o seu poder pessoal. Quando não damos esse "poder" que é de direito do ser humano, as crianças reivindicam essa liberdade de expressão e escolha da pior forma que já conhecemos: nos desafiando e se comportando mal. E, nessa luta por poder, nunca "venceremos" de forma harmoniosa ou respeitosa.

É importante lembrar que os "baldes" esvaziam e todos os dias seu filho voltará solicitando que você os encha novamente com amor e presença emocional.

Comportamentos são orientados por objetivos

Ainda segundo Adler, os comportamentos infantis são orientados por objetivos. A maioria das interrupções e olhares chorosos faz parte da missão dos filhos para tentar alcançar o pertencimento e a significância que eles tanto anseiam, mesmo que de forma inconsciente. Claro que existem outros motivos que explicam os comportamentos infantis, como a imaturidade neurológica ou as necessidades físicas, como fome, cansaço ou sono, e isso também deixa as crianças irritadas e com maior tendência ao mau comportamento. É a natureza humana.

De modo geral, após atendermos às necessidades físicas, se não suprirmos também as necessidades emocionais das crianças, preenchendo os "baldes" de pertencimento e poder, elas usarão os meios necessários para obter o que precisam de forma negativa.

Uma criança aprende rapidamente que, quando ela reclama ou se agita, um adulto estará pronto para atender às suas necessidades e exigências. No entanto, conforme vai crescendo, ela pode continuar a lamentar, a arrumar confusão ou até mesmo a fazer "birras" para chamar nossa atenção.

Que pai ou mãe não desliga o celular correndo por causa de uma "birra" do filho? Ou por que os irmãos estão brigando entre si? Independentemente de a resposta do adulto ser positiva ou negativa a esses comportamentos, ela atendeu à necessidade de atenção da criança, portanto o comportamento resultou em recompensa.

A criança realmente gostaria de receber uma atenção positiva, mas a atenção negativa é melhor do que nada. Então, essa dinâmica se repete e dessa forma vamos alimentando o ciclo vicioso de dar atenção negativa para o comportamento indesejado, em vez de evitá-lo pela atenção positiva ou tempo de qualidade.

Quando não nos sentimos aceitos ou considerados, tendemos a reagir mal, mesmo como adultos, imagine então as crianças, que ainda possuem um cérebro tão imaturo.

Educar um filho exigirá nosso esforço. Se não nos dedicarmos a suprir as necessidades emocionais dos nossos filhos de forma positiva e proativa, teremos que investir tempo para lidar com o mau comportamento que a falta de atenção traz.

Então, será preciso fazer uma escolha. Qual você prefere? Dedicar-se para diminuir os desafios comportamentais ou gastar seu tempo para lidar com situações repetitivas e desgastantes?

A boa notícia é que, se nos dedicarmos a suprir às necessidades emocionais básicas da criança, podemos evitar a maioria das demandas frustrantes por atenção e poder.

A falta de encorajamento

"Uma criança mal comportada é uma criança desencorajada."
(Rudolf Dreikurs)

Encorajar significa inspirar com coragem. Um dos pilares fundamentais para ajudar as crianças a desenvolver o senso de capacidade e a autoestima. Focar nos esforços e nas atitudes das crianças para que elas aprendam a se sentir motivadas a buscar seus objetivos na vida com coragem e determinação, porém, muitas vezes, mesmo sem querer, os pais acabam tendo atitudes que fazem exatamente o contrário com as crianças. E quais seriam essas atitudes?

1. Fazer comparações – comparações entre irmãos e amigos só pioram as coisas. Em vez de estimular positivamente, como muitos pensam, fazer comparações vai "minando" a autoestima da criança. "Sua irmã não faz mais xixi na cama, e você ainda faz", "Seu amigo já aprendeu a escrever e você não". Evite comparações, cada pessoa é única e não deve ser comparada a ninguém, em vez disso, encontre maneiras de desenvolver os pontos fracos do seu filho.

2. Superproteção – quando você superprotege seu filho e não permite que ele experimente a vida, que aprenda através de seus erros e de suas próprias experiências, você impede que ele desenvolva a confiança de que é capaz de realizar o que deseja, mesmo se errar. A criança precisa desenvolver o senso de capacidade e a autoconfiança, que serão necessários para ela ter coragem de realizar seus projetos a longo prazo na vida.

3. Rotular – rótulos transformam as crianças em quem elas não são. "Que menino terrível! Que menina chata!". Quando pequenos, os filhos acreditam no que escutam de seus pais e tendem a se tornar exatamente o que escutam. Use palavras positivas e encorajadoras quando falar com seus filhos. "Confio em sua capacidade", "Você está aprendendo cada dia mais".

4. Fazer pelos seus filhos o que eles podem realizar sozinhos – quando fazemos pelas crianças o que elas já têm capacidade de realizar por si, sem ajuda, passamos a seguinte mensagem: "Não confio que você seja capaz de fazer". Crie espaço e oportunidades para seus filhos se desenvolverem. Quando tiramos esse senso de utilidade e capacidade das crianças, além de afetar a autoestima e a autonomia delas, ainda as convidamos a entrar em lutas por poder com os pais, e desse "cabo de guerra" ninguém sai ganhando.

5. Esperar perfeição – ninguém é perfeito, um filho também não. Ajudá-lo a se tornar sua melhor versão será melhor do que idealizar e cobrar a perfeição.

Críticas, julgamentos e excesso de ordens também desencorajam os filhos. Encorajar tem a ver com valorizar as atitudes positivas e os esforços das crianças. É confiar, reconhecer e valorizar o que elas fazem de bom, e direcionar o elogio para a atitude delas, e não para a nossa opinião sobre elas.

Olhe para as qualidades dos seus filhos e escolha reforçar os pontos fortes e ajudá-los a melhorar os pontos fracos, em vez de focar só nos pontos negativos. Tudo aquilo que focamos e botamos uma "lupa" tende a crescer, então, dê mais importância ao que seus filhos fazem de bom e reforce os pontos positivos.

E, lembre-se sempre que, por trás de cada criança que acredita em si mesma, existem pais que acreditaram nela primeiro.

Educando filhos para desenvolverem importantes habilidades de vida

Erros fazem parte da vida e servem para que possamos aprender com eles, e não os repetir na próxima vez. Se alguém for ensinado a fazer boas escolhas logo cedo, cometerá erros diferentes e não os mesmos de antes.

Aprendemos com as gerações passadas que os erros eram motivos para castigos, para sentimento de culpa e de vergonha. Muitos adultos não ousam mudar de vida porque até hoje têm medo de errar pelos excessos de castigo que receberam quando não acertaram, mesmo ainda sendo uma criança.

Como seria se, a partir de hoje, você pudesse olhar para os erros como uma grande oportunidade de ensinar seus filhos a fazerem melhores escolhas na próxima vez?

Não precisamos punir, castigar ou humilhar uma criança simplesmente porque ela cometeu um erro. Ela vai aprender mais se você demonstrar empatia e compaixão. Podemos usar essa oportunidade para ensinar uma importante habilidade de vida, ajudando essa criança a buscar uma solução para os problemas que ela está enfrentando, podemos validar as emoções dela e mostrar que estamos ali para apoiar, ensinar, guiar, e não para envergonhar, humilhar ou castigar. Seu filho precisa sentir que não importa o que aconteça, você sempre o amará. O amor que damos, como pais, não pode estar vinculado a comportamentos, deve ser incondicional, afinal, não somos perfeitos e também erramos.

Imagine a seguinte situação: seu filho carregou um prato de vidro e o deixou cair na cozinha. Sua reação natural seria brigar, gritar ou ainda colocar de castigo, usando frases como: "Eu falei para não fazer isso!", "Você ainda é muito pequeno e não consegue carregar um prato de vidro". Diante dessa situação que acabei de narrar, quais sentimentos você acha que estaria despertando em seu filho?

Talvez o sentimento de inadequação e incompetência por não conseguir carregar um prato de vidro sem quebrar ou ainda a vergonha por ter cometido um "erro" sem ter recebido a compreensão e a empatia dos pais. Ou ainda nutrir a sensação de que "eu não faço nada direito mesmo", "não sou uma boa criança".

Todos esses sentimentos, sentidos dia após dia, levam uma criança a duvidar de sua capacidade e do seu valor.

E como poderia ter sido?

Seu filho deixa o prato de vidro cair na cozinha, você imediatamente escuta o barulho e se dirige até ele: "Filho, precisa de ajuda?", "Puxa! Vi que você deixou o prato cair. Essas coisas acontecem. Eu também já deixei o prato cair quando era criança". Então, você poderia focar em uma solução: "Como podemos resolver isso agora?", "Vou ajudar você a limpar esse chão".

Após o ocorrido e a limpeza da cozinha, você poderia se sentar com ele e validar as emoções: "Eu sei que você ficou chateado por ter deixado isso acontecer", "O que você pode fazer de diferente na próxima vez que quiser carregar um prato de vidro?", "Que tal segurar firme com as duas mãos?", "Tenho certeza de que você consegue carregar esse prato, mas vidro quebra e precisamos ter muita atenção e cuidado para evitar que isso aconteça". Percebe a diferença?

Na segunda opção, estamos validando as emoções da criança, confiando na capacidade dela de carregar o prato e ensinando sobre o cuidado que devemos ter com o vidro. Todas essas atitudes reforçam o senso de capacidade e de responsabilidade dos nossos filhos e esse conjunto de atitudes desenvolve habilidades importantes ao longo da vida do ser humano.

Aprender a agir de forma a ensinar os filhos pelos erros cometidos, em vez de querer adicionar culpa e medo, é um caminho de grande crescimento, aprendizado e evolução para os pais.

Em busca do equilíbrio

Talvez você já tenha usado frases como: "Não sei mais o que fazer", "Meu filho não me obedece", "Minha filha faz muita birra" e ter se sentido impotente por diversas vezes sem saber como agir para conseguir que seus filhos agissem como você gostaria.

Educar é uma tarefa árdua e a maioria aprendeu sozinha, na prática, sem a ajuda de um manual. Muitas vezes, buscamos informações, usamos a intuição e criamos uma expectativa de bons resultados.

Mas quando momentos de incertezas e angústias tomam conta, tudo pode ficar nublado e confundir o direcionamento da educação, até porque muitas situações aparecem de surpresa e a tendência é ir agindo de improviso, com base no que vivemos anteriormente ou no que ouvimos falar.

O importante é saber que podemos, sim, reverter processos negativos utilizados na educação dos filhos e quebrar padrões que são preocupantes e desconfortáveis. Com conhecimento, dedicação e paciência é possível aprender a educar de forma respeitosa, sem punições ou recompensas.

Quando os pais ainda estão no modelo autoritário, usam frases como: "Se você não estudar, não vai ganhar um presente" ou, então, "Se comer tudo, dou um chocolate para você". Não é assim que muitos agem para educar os filhos?

Crianças que só fazem o que precisa ser feito na base da recompensa não aprendem a desenvolver o prazer em contribuir e fazer a sua parte, agem apenas com o objetivo de ser recompensadas. Se uma criança só se alimenta bem ou faz a lição de casa se receber uma recompensa para isso, ela jamais aprenderá a importância de realmente se alimentar bem na vida ou o prazer em aprender. O pior é que, conforme a criança cresce, as demandas vão aumentando e as premiações precisam ser cada vez maiores. Se ela não aprender a importância e o valor de se esforçar para conseguir o que deseja desde pequena, você passará o resto da vida tendo que dar algo em troca para que seu filho faça o que precisa ser feito.

Então, aquela balinha, que antes era superdesejada, em pouco tempo terá se transformado em um brinquedo caro, depois em uma bicicleta e mais tarde em um carro, para motivar esse adolescente a fazer o que precisava ser feito por responsabilidade aprendida, e não por premiação.

Não ofereça recompensas por algo que deve ser feito de maneira natural e responsável. Estudos apontam que, quando as crianças aprendem a valorizar seus esforços pelo prazer de aprender e de contribuir, elas tendem a desenvolver um mecanismo interno de automotivação, habilidade importante para o sucesso ao longo da vida.

Em casa como pais, cumprimos nossas obrigações de cuidar dos filhos, da alimentação e de manter o bem-estar da família sem esperar uma recompensa por isso. Fazemos porque é nossa responsabilidade e nosso dever. Então, não ofereça recompensas para o seu filho ajudar a manter a casa organizada, o quarto arrumado ou para fazer qualquer atividade que seja de responsabilidade dele. Ele deve aprender a cumprir suas obrigações pelo prazer de contribuir e pela importância de fazer a parte que lhe cabe para ajudar a manter a ordem da casa e do ambiente onde vive.

Muitas vezes, agimos para conseguir com que nossos filhos façam o que queremos em um determinado momento, mas não pensamos nas consequências de longo prazo. Também não sabemos o que fazer de diferente, a não ser agir da mesma forma que agiram conosco.

Conforme a criança cresce, ela vai se tornando mais resistente a seguir o que os pais pedem. A mãe que gosta de dar umas chineladas na criança vai tendo que aumentar as doses de castigo conforme o tempo passa. À medida que ela vai amadurecendo, essa punição não funciona mais, até chegar ao ponto de ouvir a criança dizer: "Bate mais forte que nem doeu". E aí, o que essa mãe pretende fazer? Vai bater cada vez mais forte? Espero realmente que não.

Quando esse tipo de comportamento começa a acontecer, os pais ficam realmente muito perdidos. "Nossa! O que fazer, meu Deus? Eu tento controlar meu filho, mas não consigo!". Muitos pais ficam bem bravos, castigam, gritam, se arrependem e, em seguida, partem para a permissividade, para o outro extremo, se arrependem e ficam muito bonzinhos.

Imagine a confusão que esse comportamento causa na criança. Uma hora ela pode tudo, outra hora não pode nada. Uma hora é ouvida e acolhida pelos pais, mas em seguida apanha. O equilíbrio deve ser uma meta diária das famílias que desejam uma relação mais harmoniosa entre pais e filhos.

Pense numa gangorra, um lado sobe, enquanto o outro desce. O que sobe representa o autoritarismo e o que desce, a permissividade. A parte do meio é o centro que estabiliza para que o processo do vai e vem ocorra de forma harmônica. Assim que podemos entender a educação respeitosa, a parte do centro, que possibilita a harmonia.

Aprendendo a ser firme e gentil ao mesmo tempo. Firme porque precisamos respeitar nossos limites, as regras e o que consideramos importante ensinar, e gentil porque vamos respeitar e considerar o pequeno ser humano, que temos a grande missão de educar.

Perceba que é muito mais fácil manter uma gangorra, alternando para cima e para baixo, do que mantê-la equilibrada. É claro que você já tentou isso na prática e constatou que precisa exatamente de um mesmo peso para ambos os lados, não é verdade? No momento em que você conseguir esse equilíbrio, terá aprendido a ser firme e respeitoso ao mesmo tempo.

Não conseguiremos forçar os filhos a fazer o que não querem pelo resto da vida

Muitos pais se posicionam de maneira autoritária e desrespeitosa com a finalidade de submeter os filhos a atender seus desejos e a obedecer cegamente às ordens dadas. Quando comunicamos nossos desejos como exigências, bloqueamos a empatia e a compaixão que deveríamos despertar por meio da nossa comunicação.

Aprendi uma lição muito importante nessa caminhada de tentar controlar e exigir determinados comportamentos dos meus filhos. Eu achava que meu papel como mãe era fazer exigências e que seria fácil conseguir ver meus filhos obedecendo todas as minhas ordens uma por uma.

Porém, aprendi que, mesmo que eu fizesse todas as exigências do mundo, isso não levaria os meus filhos a fazer o que eu queria. Precisamos aprender a ter humildade e sair do pedestal de poderoso onipotente que muitos de nós nos colocamos como pais, pois acreditamos que, por sermos pais, é nosso papel mudar os nossos filhos e fazer com que eles se comportem como queremos.

Pois meus filhos me mostraram que eu não conseguiria obrigá-los a nada sem ferir nossa relação, e que ameaças e castigos apenas serviam para enfraquecer minha autoridade como mãe, pois respeito se inspira, não se pede.

E eles acabaram me ensinando que, sempre que eu fosse ingênua o bastante para agir, de forma impositiva e desrespeitosa, eles encontrariam formas de "lutar por poder", para me fazer desejar não os ter punido, porque a situação sempre piorava.

Por esse motivo, é fundamental aprendermos uma forma de nos relacionar com os nossos filhos, que funcione a longo prazo e que construa uma base emocional de segurança, cumplicidade e confiança. E jamais conseguiremos atingir esse objetivo agindo com grosserias, desrespeito ou agressividade.

Nos próximos capítulos, veremos que existem várias estratégias respeitosas que usam firmeza e gentileza ao mesmo tempo e que podem nos ajudar nessa missão.

Compreenda como as crianças se expressam

As crianças não sabem dizer o que precisam emocionalmente, então elas partem para o choro ou para comportamentos desafiadores que desagradam os pais, e assim acabam sendo mal interpretadas quando tentam demonstrar o que sentem.

Um exemplo prático de como isso pode acontecer no dia a dia da família é quando uma criança chega da escola e começa a chorar ou a desafiar os pais, mesmo tendo ficado o dia todo longe deles. Na verdade, ela não consegue dizer: "Estou angustiada porque passamos o dia longe e gostaria que ficasse comigo". Ela vai demonstrar o desconforto emocional com choros, "birras", brigando com o irmão ou ainda se negando a fazer o que você pede.

Você fica sem entender e se pergunta: como pode essa criança ficar o dia todo longe de mim e agir assim quando chego em casa?

E por que isso acontece?

Na escola, as crianças brincam umas com as outras, aprendem, interagem com a professora e até se divertem, mas, na maioria das vezes, não existe ao longo do dia uma conexão emocional real de que as crianças tanto necessitam.

Elas passam o dia cumprindo as demandas do meio escolar e, muitas, vezes seguram firme para não chorar, para serem fortes e lidar com todos os desafios normais que a distância da mãe pode trazer.

Quando encontram com os pais no final do dia, seu porto seguro, sentem-se à vontade para demonstrar suas angústias, porém não sabem verbalizar suas emoções, e muitas vezes esse pedido por atenção acaba sendo feito por mau comportamento. Na maioria delas, um abraço apertado, uma atenção especial ou a demonstração de afeto é tudo que elas precisam ao final do dia para sentirem que são amadas, importantes e desejadas por seus pais.

Essa sensação de pertencimento coloca-as de volta ao seu centro e ter esse entendimento pode mudar para melhor os seus dias. Educar não é instintivo, precisamos estudar e nos dedicar para aprender a fazer isso de forma assertiva.

Frases desrespeitosas que escutamos e repetimos de geração em geração

Muitas vezes, usamos frases que foram usadas por nossos pais quando éramos crianças, e que mesmo lembrando dos efeitos nocivos dessas falas, quando menos esperamos, repetimos igualzinho para os filhos.

— Espere aí que já vou dar um motivo para você chorar de verdade.

— Chorona, pare com isso, não aguento mais.

— Pelo amor de Deus, pare com essa choradeira agora.

— Engula esse choro.

— Não aguento mais repetir a mesma coisa pela milésima vez.

— Que menino terrível!

— Qual o seu problema?

— Por que você nunca aprende?

Frases como essas deixam marcas profundas pelo resto da vida, porque a criança acredita em tudo que os pais dizem sobre ela. Então, se eles usavam falas ou expressões depreciativas para falarem com o filho, acaba levando esses rótulos como verdade para sua vida adulta.

A criança não tem capacidade de raciocinar e ter um senso crítico sobre quem ela é, até porque está "em construção", então, se o pai e a mãe, as pessoas mais importantes da vida dela, dizem que ela é "terrível", então acredita nisso e assim será.

Como a criança se sente quando não é levada em consideração

Imagine que você foi demitido do trabalho e chega em casa desesperado, porque não sabe como vai fazer para honrar com as despesas da família. E, então, você abraça seu cônjuge e começa a chorar, mas em vez de retribuir o carinho e fazê-lo se sentir forte para buscar uma solução para o problema, grita e o manda parar de choramingar, fala que isso não é nada e vira as costas, deixando-o a ver navios. Como se sentiria?

Muitas vezes, é isso que fazemos com as crianças, e causamos uma dor enorme, mesmo sem perceber, porque para elas tudo o que sentem é tão grande e importante quanto seria para um adulto perder o emprego.

As crianças recebem atitudes como essa como falta de amor, de inadequação, e pensam: "Mamãe não me ama, papai não fala comigo, eles
não me entendem", e quando a criança tenta falar ou expressar o que sente, muitas vezes ela é reprimida ou julgada como errada. Então ela chora
e sofre, por não se sentir amada, sentindo uma série de emoções difíceis
de administrar e que surgem em forma de comportamento indesejado,
mas muitas vezes os pais não percebem esses sentimentos nos filhos.

Entre o caos e a rigidez

Os pais podem ser **autoritários, permissivos ou respeitosos**. Muitos oscilam entre o autoritarismo e a permissividade. Em
um momento, ficam muito rígidos, inflexíveis, e agem de forma
agressiva, se arrependendo em seguida, ou não. Quando se arrependem, acabam indo para o outro extremo e se tornam "bonzinhos" demais para compensar o excesso de dureza que tiveram
momentos antes. Essas atitudes, além de deixar os pais perdidos,
sem saberem como agir, também deixam as crianças inseguras,
sem conhecerem seus verdadeiros limites.

O problema é que, no extremo do autoritarismo, estamos muito
rígidos e desconsideramos o que as crianças pensam e sentem sobre
as mais diversas situações que enfrentam no dia a dia, e passamos a
considerar apenas o nosso ponto de vista como correto. Essa atitude
convida as crianças à rebelião e a grandes lutas por poder com os pais,
pois não se sentem ouvidas, consideradas, respeitadas, e partem para o
mau comportamento, como forma de desafiar e buscar se impor.

Quando os pais vão para o extremo da permissividade, ficam muito
bonzinhos, se sentindo culpados. Então, o caos se instala. As crianças percebem essa insegurança dos pais e passam a fazer o que querem, buscando
compreender até onde podem ir para achar o limite de que tanto precisam.

Sim. Encontrar o equilíbrio entre esses dois opostos é o grande desafio.

Gosto de olhar para os tipos de comportamento dos pais, usando o modelo da canoa abordada pelo Dr. Daniel Siegel, um famoso psiquiatra americano, que explica muito bem sobre como trafegamos entre o caos e a rigidez durante o nosso dia a dia.

Entenda caos e permissividade como a prevalência do lado emocional do cérebro e que age de forma automática, repetitiva e impulsiva. Quando não usamos a razão e permanecemos dominados pela emoção, temos a tendência de entrar no caos; quando os pais se desestabilizam, normalmente todos da família entram no mesmo "barco".

Pais com essa característica tendem a ter dificuldades em seguir regras, em manter rotinas, porque ao menor sinal de estresse já desistem do que gostariam de fazer. Dessa forma, acabam dando muita liberdade aos filhos, pouco limite e, na maioria das vezes, falta a ordem tão importante para um relacionamento familiar mais equilibrado.

A rigidez seria o outro oposto. É aquela pessoa dominada pela razão, que usa pouco suas emoções, é muito rígida, espera ordem o tempo todo e dá pouca liberdade para os filhos se expressarem. O que conhecemos como autoritarismo.

Imagine que uma educação respeitosa, que coloca limites nas crianças, sim, mas que ao mesmo tempo respeita também os limites dos pais. Esse seria o modelo ideal, no qual encontramos o equilíbrio e a saúde emocional que tanto desejamos. Isso seria como fluir em um rio de bem-estar. Imagine que sua vida é um barco e você é o comandante dele; as margens opostas do rio em que você navega são o caos e a rigidez.

Imagine que você está se sentindo bem, calmo e tranquilo, navegando no meio do rio do bem-estar e, de repente, seus filhos começam a brigar e você sente que está se irritando. Então, começa a se aproximar da margem da rigidez, começa a falar em tom áspero, se posiciona com raiva, começa a ficar inflexível, a ficar rígido e a querer se impor demais. Seus filhos se negam a fazer o que está pedindo e você decide impor sua autoridade pelo autoritarismo e pelo excesso de rigidez. Já sabemos o desfecho dessa história, não é mesmo? A criança chora porque foi castigada, você se sente exausto por viver novamente essa situação e daqui a pouco seus filhos voltam a apresentar o mesmo comportamento indesejado.

Se você tomar consciência de que pode encontrar o equilíbrio e esperar ordem e liberdade ao mesmo tempo, poderá respirar, se acalmar e voltar a se comunicar de forma firme e respeitosa, em vez de querer fazer apenas sua vontade valer de forma rígida e dura. Imagine como seria se você pudesse ouvir o que seu filho tem a dizer, se pudesse se conectar com ele e focar em uma solução ou se fizessem um combinado que ficasse bom para as duas partes?

Em outro momento, você pode estar cansado ou sem energia para esperar a ordem e decide dar total liberdade aos filhos. Você começa a agir pela emoção e acaba vivenciando o caos. Já cansou de repetir mil vezes a mesma coisa e desistiu, falou sim até para aquilo que deveria ser um não. Com excesso de liberdade e nada de ordem, você leva o seu "barco" para o outro lado da margem, a do caos. Para o lado onde suas emoções o dominaram e você se desespera porque permitiu que a situação chegasse longe demais. Você não respeitou seus limites e deu muita liberdade sem ordem, porém se esqueceu da importância de estabelecer a ordem.

É importante buscar autocontrole, aprender novas maneiras para reagir às emoções e permanecer mais tempo no equilíbrio e menos tempo nas margens do desequilíbrio.

Algumas dicas que me ajudaram a praticar uma educação respeitosa

1. Desista de querer ter o controle. Comece a olhar para seus filhos e conhecer quem eles realmente são. Se interesse verdadeiramente pelo que eles pensam e decidem sobre si, pelo que dizem. Por que ouvimos atentamente um amigo e nossos filhos não?

2. Entenda que o maior presente que pode dar ao seu filho é a sua presença emocional, o seu real desejo de estar perto e encontrar prazer nos pequenos momentos com ele. Se você não sente esse desejo, busque compreender os motivos que o impedem e comece a mudar sua atitude um pouco a cada dia.

3. Saia da roda viva de fazer tudo correndo o tempo todo. Desacelere. As crianças precisam de tempo para aprender e praticar suas novas habilidades. Pare de correr tanto, respire fundo, se acalme. A vida é agora e a infância do seu filho não voltará. Tenha rotina, disciplina, acorde mais cedo, se necessário, e se organize para incluir na sua agenda um tempo especial diariamente para os seus filhos.

4. Perceba a sua forma de se comunicar. Você parece um general dando ordens? Ou sua fala tem gentileza, doçura e amor? Como se sentiria se alguém falasse com você todos os dias da mesma forma que você fala com os seus filhos? Nós adultos não gostamos de uma pessoa que fala conosco em tom duro, rígido, autoritário, porque é desrespeitoso e não convida à colaboração. E o mesmo acontece com as crianças.

5. Cuide de você. Faça coisas que gostava de fazer antes de se tornar pai ou mãe e que deixou de lado há tanto tempo que nem lembra mais

como era se sentir assim. Isso não é egoísmo, é autocuidado. Quando nos sentimos bem, ficamos mais felizes, portanto, teremos mais para doar aos nossos filhos. Como dar aquilo que não temos? Impossível.

Nos próximos capítulos, vamos aprender algumas novas formas práticas de responder aos desafios que vão surgindo todos os dias com os nossos filhos para que possamos navegar mais tempo longe das margens do caos e da rigidez.

CAPÍTULO 9

DIFERENTES ESTADOS DO EGO

E A RELAÇÃO COM OS FILHOS

Estados do ego e a relação com os filhos

Os estados do ego são baseados nos estudos do psiquiatra americano Eric Berne nos anos 50 e consistem em um padrão de sentimento que influencia nossa forma de agir e estão diretamente relacionados a um modelo de comportamento que examina como nos comunicamos e interagimos uns com os outros.

Berne definiu três estados do ego que influenciam as relações entre os indivíduos: estados do ego pai, adulto e criança.

Essa teoria se aplica muito bem para compreendermos por que o padrão autoritário de muitos pais, além de convidar a lutas por poder, também cria tanta desconexão com seus filhos.

A seguir, descreverei sobre os estados do ego e como as interações que você tem com seus filhos, nos diferentes estados, podem afetar o comportamento deles. Vamos compreender por que entrar no estado do ego criança e brincar nos conecta tão rapidamente com nossos filhos. E por que ser mandão e autoritário nos desconecta na mesma velocidade.

Estado do ego pai

É um estado no qual agimos, pensamos ou falamos com os padrões aprendidos na nossa infância com nossos pais ou com algum cuidador que tenha sido importante durante essa fase da nossa vida. Aprendemos com eles o que é certo ou errado, a como ver a vida, nossas crenças e no que devemos acreditar. Tudo isso ficou gravado na nossa mente e dentro de cada um de nós existe um "pai interior".

Dependendo de como fomos tratados durante a infância, essa figura interna pode ser crítica, assim como um pai autoritário, rígido, sério, inflexível, julgador e que nos faz sentir culpados. Ou se ganhamos a oportunidade de contar com pais que nos nutriram emocionalmente de forma positiva, quando estamos no estado ego pai teremos uma conduta muito mais flexível, colaborativa, e conseguiremos proporcionar um reforço mais positivo aos nossos filhos. Tudo vai depender dos padrões que aprendemos com os nossos pais na infância. O estado do ego pai é uma cópia do que vivemos nesse período da vida.

O estado do ego pai é "aquela voz de autoridade" que ouvimos repetidamente em nossas cabeças. Ele se desenvolve como resultado das mensagens dos pais ou de autoridade que ouvimos ao longo dos anos e vem de anos de condicionamento de pais, professores, vizinhos, idosos ou outros em posição de autoridade.

Quando nos comunicamos nesse estado do ego, geralmente damos ordens e corrigimos nossos filhos usando frases como:

— *Pare de brigar com seu irmão. Estou avisando pela última vez!*
— *Coma a alface. Pare de frescura, experimente!*
— *Vá já para o quarto!*
— *Pare de falar, não aguento mais.*
— *Vá fazer a lição de casa, agora!*
— *Deite-se e durma logo, menino!*
— *Vá jantar agora ou passará fome.*

Você pode estar se comunicando nesse estado de ego com seus filhos, com o seu cônjuge ou até mesmo com seus familiares e colegas de trabalho e nem perceber por que esse virou seu estado "automático".

Mas qual o impacto desse estado de ego no comportamento das nossas crianças?

O tipo de comunicação que usamos com elas no estado do ego pai convida os filhos a entrarem em muitas lutas por poder, pois ninguém gosta de ficar recebendo ordens, e as crianças também não. Ordens são desrespeitosas e não convidam à colaboração.

Para os pais que sentem que estão desconectados emocionalmente e que batem o tempo todo de frente com seus filhos, aprender a passar menos tempo no estado do ego pai será essencial para diminuir esse tipo de interação negativa com eles. Mandar, corrigir e dirigir de forma rígida e autoritária só reforçam as dificuldades e a distância emocional entre pais e filhos.

Estado do ego adulto

Esse é o estado mais racional e realista que temos. Nele, a informação é analisada e as decisões são tomadas sem se deixar influenciar pelas emoções. É uma decisão mais racional e menos emocional. Esse estado se concentra no que "devemos fazer" e não no que "desejamos fazer". As reações do adulto são ideais para que os diálogos sejam estabelecidos de forma mais aberta e positiva. É o estado que reduz conflitos e proporciona mais bem-estar na família.

Uma pessoa que está agindo no estado adulto se mostrará mais equilibrada, sincera, humana, respeitosa, flexível, empática e decisiva.

É o estado mais racional e eficiente, porque é baseado na lógica, sem deixar que as emoções interfiram em nossas decisões.

O estado do ego adulto opera quando pensamos, raciocinamos e processamos informações não emocionais baseadas nos dados adquiridos.

Os adultos operam nesse estado do ego no trabalho, em reuniões e em outras interações não emocionais de adulto para adulto, e as crianças operam no estado do ego adulto quando estão na escola.

Os pais costumam se surpreender com o fato de seus filhos se comportarem tão bem na escola, em comparação com o comportamento em casa. Porém, na escola, o professor e a criança operam no estado do ego adulto.

Se o professor se mudasse para o estado do ego pai e começasse a mandar, corrigir e dirigir com autoritarismo, a dinâmica da sala de aula mudaria negativamente. Da mesma forma, se os alunos entrassem no estado do ego criança, repleto de muitas emoções, a situação poderia rapidamente se tornar um caos.

A comunicação com crianças do estado do ego adulto é mais respeitosa do que do estado do ego dos pais, e produz melhores resultados. Crianças e adultos tendem a reagir de forma cooperativa quando nos comunicamos a partir do estado racional do ego, em oposição ao estado autoritário do ego pai.

Podemos reduzir as lutas por poder, aumentar a cooperação e melhorar nosso relacionamento com os filhos, se nos comunicarmos mais a partir desse estado de ego, não emocional e sem julgamento.

Estado do ego criança

O ego criança é dominado por muitos impulsos, sonhos, desejos, espontaneidade, criatividade e entusiasmo. Nesse estado de ego, a criança demonstra os seus medos, o lado inseguro, medroso, cruel ou mesmo egoísta.

Lembra como era ser criança?

Falar ou agir por impulso, muitas vezes de forma fantasiosa e sem pensar. Todos nós temos um lado brincalhão que pode ou não estar reprimido. Quando estiver com seus filhos, deixe sua criança interior vir à tona, pois toda essa rigidez pode trazer consequências negativas na hora de tentar se conectar com eles. Deixe que essa criança interior apareça, se divirta, sinta-se livre. O uso de mais humor e leveza nos deixa mais felizes e saudáveis emocionalmente. A criança que fomos um dia continua guardada dentro de nós.

Todos nós temos os três estados do ego e vamos mudando dependendo da situação. Esse estado pode mudar em questão de segundos e vai depender de como estamos nos sentindo diante das situações que vão surgindo ao longo do dia.

Por exemplo, apesar de ser um adulto e estar em um estado equilibrado como do ego adulto, se alguma situação negativa acontecer e alguém falar algo que desagrade uma pessoa, pode ter uma mudança no estado atual e em questão de segundos passar para o estado do ego pai e reagir de maneira autoritária e grosseira, de forma mais emocional e menos racional.

Se paramos por um instante para analisar as conversas que temos uns com os outros, rapidamente percebemos qual estado do ego cada pessoa está utilizando naquele determinado momento para se comunicar.

O estado do ego criança representa a personalidade que age por pura emoção. Nesse estado de ego, experimentamos muitas risadas, gargalhadas, o mais puro prazer de se divertir e muitas respostas impulsivas. Também surgem as "birras", as disputas por poder, a raiva sem medida e os ataques de fúria se não fazem o que queremos. Isso explica, em partes, o comportamento infantil.

As crianças passam a maior parte do tempo nesse estado do ego. À medida que crescem, passam menos tempo nele. Já os adultos passam muito pouco tempo no estado do ego criança e isso cria uma grande desconexão entre pais e filhos. Os pais se comunicam com mais frequência a partir do estado do ego pai, dando ordens, mandando e corrigindo os filhos, e acabam passando muito pouco tempo no lado positivo do estado do ego criança.

Quando compreendemos esses estados, podemos escolher entrar mais vezes no estado do ego criança para conseguir uma maior colaboração dos nossos filhos em alguns momentos difíceis de serem administrados quando estamos no ego dos pais.

Assim como reagimos de maneira diferente às abordagens que as pessoas usam conosco, o nosso filho também varia suas reações de acordo com a forma que nos comunicamos com ele.

Como esses diferentes estados impactam o comportamento dos filhos

O estado do ego criança é o estado de ego que nossos filhos mais gostam. Lembra como era natural e bom dar risadas, curtir a vida e brincar sem se importar com o mundo? É isso que nossos filhos desejam de nós mais do que qualquer outra coisa na vida. Eles querem se divertir conosco. Eles querem que a gente brinque com eles.

Eu sei que pode ser difícil para um pai ou uma mãe, que vem de uma educação muito rígida e séria, conseguir brincar com seus filhos. Mas saiba que esse é um dos caminhos mais poderosos para alcançar uma profunda conexão com o seu filho durante a infância. Esses momentos felizes mais tarde serão lembrados como um grande suporte de força emocional em momentos desafiadores da vida. De fato, o estado do ego criança é aquele em que as conexões emocionais mais fortes serão construídas.

O estado do ego pai é aquele em que as crianças menos gostam de nós. E não é difícil compreender o motivo. Muitas ordens, correções e direcionamentos quase sempre resultam em lutas por poder e geram muitas frustrações, tanto nos pais por desejarem controlar quanto nos filhos por lutarem para não serem controlados. Como qualquer outra pessoa, as crianças também não gostam de receber ordens de forma desrespeitosa e elas nos mostram isso fazendo "birras", discutindo, criando confusão e tendo modos de comportamento que já conhecemos muito bem.

Passamos a maior parte do tempo no estado do ego pai e isso é um problema, porque nossos filhos nos querem no estado do ego criança. Isso pode nos dar uma ideia do motivo pelo qual, frequentemente, nos envolvemos em lutas pelo poder com nossos filhos.

A atitude mais poderosa que podemos ter para reduzir comportamentos negativos em busca de atenção e de constantes lutas por poder é passar mais tempo no estado do ego criança, e lembrar disso em momentos desafiadores será uma grande vantagem para nós como pais que buscamos evoluir e melhorar a relação com os nossos filhos.

Como esse conhecimento pode melhorar a relação entre pais e filhos

Devemos lembrar sempre que não somos perfeitos e nunca seremos. Esse não deve ser o nosso objetivo como pais e seres humanos, mas sim focar em aprender a errar menos.

Podemos utilizar essas informações para evitar conflitos e relacionamentos ruins.

Se uma pessoa está falando a partir do ego adulto e encontra alguém com o ego criança, será perfeito. Eles se complementam e tudo fluirá com naturalidade.

Caso dois indivíduos estejam no ego pai, podem ter muitos conflitos porque ambos querem estar no comando, no controle da situação.

Se duas pessoas estiverem no estado do ego criança, não haverá conflito, mas, sim, uma grande conexão.

Quando as pessoas estão no estado do ego adulto, normalmente não existem problemas. Elas podem se relacionar tanto com o ego criança quanto com o ego pai, uma vez que irão proporcionar um ambiente ideal para que não ocorram conflitos.

Lembre-se disso e escolha suas batalhas!

CAPÍTULO 10

MINHAS ESTRATÉGIAS FAVORITAS DE DISCIPLINA POSITIVA

C onhecemos no capítulo anterior as bases de uma educação respeitosa. Mas, e na prática, como agir? Nas próximas linhas descreverei algumas das minhas ferramentas preferidas para educar com respeito, por meio da Disciplina Positiva, uma forma de firme e gentil de educar desenvolvida por Jane Nelsen, Lyn Lott e colaboradores.

É importante ressaltar que, antes de esperarmos mudanças positivas no comportamento dos nossos filhos, primeiramente, precisamos melhorar a nossa relação com eles, pois todo ser humano é movido por um grande desejo de pertencimento e conexão. Sem compreender e respeitar essas necessidades, nada mudará. E, todas as vezes que nos esquecermos disso, vamos colher os frutos amargos do mau comportamento e da rebelião dos nossos filhos.

Imagine as situações a seguir.

Situação 1

Sua filha está chorando e se jogando no chão. Você se descontrola mais do que ela querendo que aquele momento termine logo e acaba dando umas palmadas. De repente, o que parecia ser uma solução vira um desafio ainda maior porque a situação piora.

Situação 2

Às vezes, os pais perdem a cabeça porque os filhos desobedecem a eles descaradamente. Alguns dias atrás, você disse para seu filho nunca sair para a rua sozinho, porque é perigoso. Na noite passada, ele abriu a porta e saiu de bicicleta para dar uma volta no quarteirão. Você sente que realmente precisa fazer algo e chamar a atenção dele. A criança precisa entender a gravidade de suas ações. Com medo, raiva e desespero dominando sua razão, você não consegue pensar em mais nada, a não ser bater e castigar.

Situação 3

Seu filho tentou atravessar a rua sem olhar para os dois lados. Você sente que precisa fazer algo para garantir que isso não aconteça novamente. Você não quer, mas acredita que dar umas palmadas e causar um pouco de dor agora pode salvar a vida dele mais tarde.

Nessas três situações pode parecer óbvio que bater seja a única opção eficaz para educar o seu filho e, talvez, realmente funcione em um primeiro momento, pois bater o envergonhará o suficiente para que pare o que estava fazendo naquele momento. Porém, em seguida, você se arrepende e percebe que aquelas palmadas não resolveram o problema, pois o comportamento indesejado se repete. E você deve ficar se perguntando qual é o sentido da palmada se o ciclo vicioso não termina.

Não importa como esteja a relação entre você e seu filho neste momento ou quais métodos tem usado para conseguir que ele faça o que precisa ser feito. Não estou aqui para julgar seu caminho. Eu sei como é estar diante de crianças que se comportam de maneira desafiadora, sem ter outras ferramentas para usar, a não ser gritar ou bater. Mas o que eu aprendi e o que gostaria de compartilhar com você é que existem maneiras mais eficazes de disciplinar as crianças.

Apresento neste capítulo várias estratégias da disciplina positiva que podem ser usadas em vez de castigar ou bater, que podem ser utilizadas com crianças e adolescentes e fornecem soluções em longo prazo para os desafios na educação das crianças. E o melhor de tudo é que você não se sentirá culpado depois de utilizá-las. Veremos a seguir outras formas de responder aos desafios citados anteriormente e a muitos outros, usando algumas ferramentas da disciplina positiva.

1. Mantenha a calma e use um tom de voz gentil

Como é o seu tom de voz? Ele convida à rebelião ou à colaboração?

Gritarias só servem para agitar o ambiente e as crianças, o que as deixa ainda mais inquietas. Nosso tom de voz pode fazer grande diferença na resposta que temos dos nossos filhos. Qual é sua reação quando alguém fala gritando com você? Certamente sente vontade de reagir ou de se afastar, não é mesmo? Não sente vontade de colaborar. O mesmo acontece com as crianças.

Manter a calma em momentos de estresse pode ser o maior desafio de todos, mas tenha certeza de que perder a cabeça só irá piorar qualquer situação. Por que não investir um tempo para aprender sobre o autocontrole e se tornar um bom modelo de calma para seu filho?

As crianças vão ouvir e considerar mais o que você diz se abaixar de forma respeitosa na altura dos olhos delas e falar com calma e clareza, usando um tom de voz gentil.

Lembre-se de que os erros são oportunidades de aprendizado e precisamos nos lembrar disso antes de sairmos dando palmadas para punir por erros que fazem parte do processo natural de aprendizado do ser humano. Precisamos aprender a lidar com os erros das crianças com mais naturalidade, compaixão e assertividade.

Quando permanecemos calmos, além de sermos um modelo positivo de autocontrole e respeito, evitamos que os desafios piorem e virem "lutas por poder". Dessa forma, é provável que seus filhos escutem com atenção as informações que você deseja passar, pois não sentirão a necessidade de se defender.

2. Invista tempo para "treinar" seus filhos

Disciplinar nossos filhos significa investir tempo para que possamos treinar o comportamento que queremos ensinar. Quando dedicamos esse tempo, aumentamos as chances de que aprendam a se comportar adequadamente, com mais colaboração. Essa abordagem ensina as crianças a fazer melhores escolhas no futuro.

Por exemplo, na situação 3, quando seu filho estiver aprendendo a atravessar a rua, treine junto nas primeiras vezes a como atravessar com segurança. Você pode dizer: "Quando chegarmos ao final da calçada, você precisa segurar minha mão. Então, você deve olhar para os dois lados para ver se algum carro está chegando. Depois de segurar minha mão e olharmos para os dois lados, poderemos atravessar a rua com segurança".

Não espere que seu filho aprenda tudo da primeira vez. Não aprendemos a andar nem a falar na primeira vez que tentamos. Todo novo aprendizado vai exigir paciência, dedicação e persistência sempre.

3. Faça combinados

Você faz combinado com seus filhos? Os combinados ajudam a criança a saber o que esperar de uma determinada situação, aumenta a confiança entre pais e filhos, além de colocar limites de forma respeitosa.

Para fazer "combinados", seu filho já deve ter idade suficiente para se comunicar verbalmente. Então, decida em qual situação você deseja fazer um "combinado" e siga os cinco passos seguintes:

1. Abaixe-se na altura dos olhos do seu filho e comunique em tom calmo e gentil o que será feito. Por exemplo: "Vamos ao *shopping* por uma hora, apenas para passear e tomar um sorvete. Não vamos comprar brinquedos hoje. E quando eu falar que chegou a hora de voltar para casa, vamos embora. Combinado?";

2. Peça para seu filho repetir o combinado para ter certeza de que ele compreendeu o que acontecerá;

3. Dez minutos antes de dar a hora de voltar para casa ou qualquer que seja o combinado, avise que a hora de ir embora está chegando e reforce esse combinado. Diga: "Qual foi o nosso combinado antes de sair de casa?". Isso ajuda a criança a se lembrar e a diminuir possíveis frustrações;

4. Quando chegar a hora combinada, honre sua palavra. É fundamental que você cumpra o combinado, pois a confiança é e sempre será algo fundamental na relação entre pais e filhos;

5. Se, mesmo assim, seu filho chorar, ficar chateado, está tudo bem! Ele tem o direito de ficar frustrado, mantenha-se calmo e lembre-se de que se frustrar faz parte da vida. Ela ensinará seu filho que ele é capaz de sobreviver a uma frustração, e isso o ajudará a se tornar um adulto resiliente, que suporta os desafios da vida.

4. Aprenda a agir sem falar nada

Se estiver em um *shopping* e seu filho começar a gritar porque quer a bicicleta que você já decidiu que não vai dar naquele momento, pegue-o no colo calmamente, em silêncio, e o remova do ambiente.

Essa atitude vai dar um pouco mais de tranquilidade para você. Esqueça o que os outros irão pensar a seu respeito. Neste momento, o que importa é a relação que você está construindo com o seu filho, e não a opinião alheia.

Ofereça um abraço ou espere que ele esteja calmo o suficiente para escutar o que você tem a dizer. Evite bater porque não é uma boa solução e só servirá para aumentar a distância emocional e as disputas por poder entre vocês. Essa ferramenta também pode ser utilizada na situação 1 que citei anteriormente. Na hora da "birra", o melhor a fazer é manter a calma e esperar a "tempestade" passar, para então educar ou conversar.

Depois que seu filho se acalmar, fale sobre o que aconteceu e envie a mensagem que deseja de forma respeitosa, pois assim, além de modelar o autocontrole, a mensagem será melhor assimilada e irá ajudar a construir importantes habilidades de vida em longo prazo, como a capacidade de sobreviver a uma frustração.

5. Tempo de qualidade

Saia do modo automático e pare a correria do dia a dia para dedicar um tempo de qualidade e fortalecer a relação com o seu filho. Se seu filho está se comportando mal com frequência, precisa de sua atenção. Que melhor maneira de resolver o problema do que dar a ele a sua genuína atenção de maneira proativa?

Em vez de bater e ser rígido o tempo todo, experimente passar mais tempo de qualidade com ele. Dedicar um tempo especial, durante 20 ou 30 minutos, individualmente, para cada filho todos os dias, é a melhor maneira de combater comportamentos desafiadores por busca de atenção. Dar essa atenção especial e positiva, como já vimos anteriormente, além de diminuir o mau comportamento, vai melhorar a qualidade do relacionamento entre vocês.

O que poderia ser melhor do que isso?

Importante lembrar que, para aproveitar ao máximo esse tempo juntos, peça a seu filho que escolha o que ele gostaria de fazer e esteja presente de corpo e alma, sem celular ou qualquer distração.

6. Foque em soluções

Imagine a seguinte situação: seu filho de 11 anos, em um ataque de raiva, jogou seu telefone na piscina e inutilizou o seu celular. Você se descontrola, porém bater não traria o celular de volta e muito menos ensinaria alguma importante lição de vida.

E se, em vez de usar a palmada como ferramenta, pudesse recuar, respirar fundo, se acalmar e pensar em algo que realmente trouxesse algum aprendizado de longo prazo para essa criança? Os erros são oportunidades de aprendizado, lembra?

Por exemplo, se sentar com seu filho e dizer como essa atitude fez você se sentir: "Fiquei frustrado quando você jogou meu telefone na piscina. Eu trabalhei duro para ganhar dinheiro suficiente para comprar esse celular e usar ele como ferramenta de trabalho e de conexão com as pessoas que amo". Em seguida, você poderia fazer uma pergunta do tipo: "O que você acha que poderia fazer para ajudar a resolver essa situação?".

Você poderia sugerir alguma ajuda em casa ou no seu escritório para que ele pudesse "pagar" pelo prejuízo. Claro que o resultado disso não traria seu celular de volta, mas imagine o impacto duradouro que isso poderia causar na vida do seu filho?

Não pense que é o caminho mais fácil, porque não é, se manter firme sem ser desrespeitoso e focar em uma solução, juntos, pode ser incrivelmente desafiador para os pais. É preciso resistência e força mental para seguir adiante e manter sua palavra, mas você pode ter certeza de que essa atitude seria uma grande lição de vida para essa criança.

7. Consequências naturais

As consequências naturais são o resultado natural de uma ação que se desenrola sem o envolvimento dos pais. Um exemplo básico seria: se não comer, sente fome. Se não usar casaco no inverno, sente frio. Se não usar guarda-chuva em um dia chuvoso, vai se molhar.

As consequências naturais não são adequadas em situações arriscadas ou perigosas como, por exemplo, deixar a criança sem boia perto da piscina. Por favor, não! Elas também não devem ser usadas com crianças muito pequenas.

No entanto, digamos que você tenha avisado seu filho que, se ele deixar o novo brinquedo movido a pilha na chuva, ele vai parar de funcionar. Você está cansado de gastar dinheiro em coisas que ele esquece no quintal de casa todos os dias.

Na próxima vez em que encontrar o brinquedo a pilha lá fora, encha-se de coragem e não fale nada. Você pode ficar frustrado e com raiva porque seu filho não ouviu o que você falou mais uma vez, no entanto, em vez de chamar a atenção, gritar ou bater, deixe que o "esquecimento" do brinquedo lá fora ensine a lição.

Pode parecer um desperdício assistir à chuva destruir o carrinho novo que você comprou, mas assim que seu filho perceber que a atitude dele resultou na perda de seu amado brinquedo e que você não deve substituir, a lição será inestimável. Esteja certo de que, na próxima vez, ele se lembrará de trazer seus brinquedos para dentro.

Deixar as crianças lidarem com as consequências naturais de suas atitudes, sem tentar salvá-las do sentimento de frustração causado é uma importante lição de vida para elas. Muitos pais querem "resgatar" seus filhos de qualquer situação desagradável e não percebem que estão tirando deles uma grande oportunidade de aprenderem a resolver suas questões e a fazer uma melhor escolha no futuro. Apenas demonstre empatia e deixe seu filho sentir e lidar com as consequências de suas escolhas. Na próxima vez, certamente ele terá um repertório maior para tomar melhores decisões.

8. Consequências lógicas

Estamos aprendendo a educar sem punir, certo? Estamos aprendendo a encontrar o equilíbrio entre ser autoritário e permissivo, ou seja, a agir com firmeza e gentileza ao mesmo tempo.

Temos que tomar cuidado ao usar essa ferramenta para ela não se tornar um castigo disfarçado. As crianças, quando sentem que são castigadas, se ressentem, e a luta por poder começa. Fato é que a formação de crenças vindas desses pensamentos quando punidos fazem não só o comportamento desafiador se repetir enquanto criança, como a conta chegar mais cara na adolescência. Quando punimos, a criança sente vontade de se vingar e esse comportamento vira um ciclo vicioso. E, lá na frente, essa conta chega em forma de depressão, drogas, baixa autoestima, dificuldade de socialização e por aí vai. E isso não queremos, não é mesmo?

É importante lembrar que a punição funciona para uma solução imediata de conter o mau comportamento por medo, e isso não tem nada a ver com respeito. Podemos e devemos ser autoridade sem autoritarismo.

Para uma consequência ser realmente lógica e não parecer um castigo disfarçado, e para fazer sentido no educar, é necessário que seja por uma experiência de aprendizado útil. Para ser uma consequência lógica e fazer sentido, ela precisa ser "relacionada, respeitosa, razoável e útil" (3R's e 1U). Para traçar esse caminho, antes de seguir a preciosa dica de Jane dos 3R's e 1U, vale pensar como ser respeitoso e firme ao mesmo tempo sem ser autoritário ou punitivo.

Se algumas dessas premissas faltarem, teremos um castigo disfarçado de consequência. Então, fique atento!

Veja esse exemplo:

Meu filho não quis desligar a TV no horário combinado. Fizemos um combinado sobre o tempo permitido de TV e sobre as consequências caso ele não cumprisse o acordo. Quando chegou o momento de desligar, ele decidiu continuar. Então, falei em tom calmo: "Você acabou de fazer uma escolha de não cumprir o nosso combinado. O que acertamos que aconteceria se você não cumprisse?". Ele já sabia, mas preferiu fazer uma má escolha. Assim, segui com o nosso combinado e comuniquei que ele ficaria um dia sem ver desenho como consequência por não ter cumprido com sua palavra".

Percebe que existe uma linha tênue entre o castigo e a consequência lógica? Mas fui respeitosa, falei em tom gentil e a consequência foi relacionada ao comportamento (eu não falei que, se ele não desligasse a TV, não iria brincar com o amigo lá fora, pois não teria nada a ver e seria punição), fui razoável porque ele ficou um dia sem ver TV e não 30 dias, e foi útil porque ele aprendeu sobre a importância de cumprir com a palavra, uma importante habilidade de vida fundamental no futuro. E, sim, meu filho aprendeu e agora sempre desliga a TV no tempo combinado sem eu precisar pedir.

Na situação 2 citada anteriormente, em que a criança saiu para dar uma volta de bicicleta, poderíamos utilizar a consequência lógica para limitar o comportamento indesejado. Dizer para ela em tom firme e gentil: "Você não cumpriu com a regra, saiu sozinho com a bicicleta e sem avisar. Por esse motivo, você ficará três dias sem andar de bicicleta. Nesse exemplo, também cumprimos os 3 R's e 1 U.

Foi um tempo razoável, a consequência foi relacionada ao comportamento, foi comunicado em um tom de voz respeitoso e será útil para ensinar a criança que suas atitudes trazem consequências e será necessário aprender a lidar com elas, e aprender a fazer melhores escolhas no futuro.

Nem sempre existirá uma consequência lógica para todas as atitudes. Nesse caso, foque em solução. Será sempre uma ótima ferramenta para qualquer desafio.

Esse caminho interno de aprendizado do filho é construído, nele, por ele e para a vida dele. Não precisamos ser grosseiros para ensinar e educar. Lembre-se sempre que pais devem ser guias de seus filhos, e não adestradores.

9. Conexão antes da correção

Sim. Essa ordem muda tudo.

Quando uma criança se comporta mal, normalmente os pais já partem para a correção, muitas vezes com agressividade ou raiva. Esse tipo de reação não convida à colaboração da criança, pois causa medo, vergonha e, muitas vezes, dor física ou emocional. Toda criança deseja se sentir amada e importante dentro da família e, quando não se "sente" assim, acaba partindo para o mau comportamento como forma de ganhar a atenção de que precisa.

Anos de estudo dos psiquiatras Alfred Adler e Rudolf Dreikurs mostraram que crianças que se sentem conectadas e pertencidas reagem melhor à correção dos pais, portanto colaboram mais com eles quando a correção é feita de forma respeitosa.

Crie proximidade em vez de distância, comunicando uma mensagem de amor, mesmo diante dos erros. Exemplos:

• Valide as emoções: "Uau! Eu percebi que você está muito bravo. Quando se acalmar, gostaria de conversar sobre o que aconteceu?".

• De afeto: muitas vezes um abraço silencioso vale mais do que mil palavras. "Quando se acalmar, estarei aqui. Quer um abraço?", então, passe a mensagem que precisa ser ensinada.

Em outras palavras, na correção tradicional, o adulto sempre faz algo "com a criança" e impõe sua vontade sem considerar o que a criança está pensando e sentindo sobre si mesma. Na Disciplina Positiva, envolvemos a criança respeitosamente, nos conectamos primeiro para então focar em soluções "junto a ela", levando em consideração seus sentimentos e a convidando a pensar.

10. Aprenda a usar o NÃO de forma assertiva

Sim. As crianças precisam de limites. Quando os pais são muito permissivos e dizem sim para tudo, esses limites ficam comprometidos, formando crianças tiranas e que desejam ser sempre o centro da atenção.

Sabe quando o pai fala não, a criança reage, se joga no chão, faz "birra", grita, chora e esse "não" vira um "sim"? Esse tipo de atitude faz com que os pais virem reféns de seus filhos, porque eles aprendem que quando choram conseguem tudo o que querem.

Então, pense antes de dar sua resposta, se o seu "não" vai virar um "sim" quando a criança começa a resistir, então é melhor dar um "sim" logo no início. Mas quando for realmente "não", mantenha-se firme. Pode até dizer: "Filho, a mamãe te ama e a resposta é **não**". Tudo bem deixar o filho lidar com o que sente. A frustração também faz parte da vida.

Esse limite é que possibilita o desenvolvimento da segurança, de saber até onde ir. Isso faz as crianças entenderem que o mundo não gira somente em torno de si e que elas podem sobreviver a um não.

Atualmente, muitos adolescentes possuem dificuldades para enfrentar os desafios da vida, se sentem inseguros e confusos, muitas vezes por terem tido uma infância que flutuava o tempo todo entre os extremos e longe do equilíbrio. A falta dessa harmonia nas atitudes dos pais gera muita confusão e inconstância ao longo da vida dos filhos.

11. Seja um modelo positivo

Sempre falo que deve ser difícil ser criança em um mundo de adultos cansados e viciados em celular. Isso é muito sério em nossa sociedade no mundo atual e deve ser levado em consideração com urgência.

Recupere a infância, invista em fazer coisas simples, mas que tenham a sua presença real. Se possível, saia de casa para brincar, dar uma volta de bicicleta, jogar bola, entre outras atividades. Com tanta correria, fica fácil os dias se tornarem todos iguais, passarem rapidamente e, com eles, passar também a infância dos nossos filhos.

Muitas famílias só vivem aos finais de semana e sobrevivem de segunda a sexta, no meio do caos e da falta de rotina. Se você for capaz de desenvolver uma rotina para realizar tudo o que for importante para você e sua família, sobrará tempo para que possa ter um dia a dia mais leve e tranquilo, portanto aproveitar a companhia uns dos outros com mais prazer.

Os filhos seguem o nosso exemplo, as nossas atitudes, e não o nosso conselho ou a palavra. O que fazemos tem mais poder, fala mais alto do que simplesmente dizer "faça isso" ou "faça aquilo". Dizer ao filho "não jogue lixo no chão" enquanto você continua jogando ou ainda esperar ter filhos disciplinados, sem ser disciplinado, não faz sentido. Nossa fala deve ser coerente com nossas atitudes.

12. Seja firme e gentil ao mesmo tempo

Já sabemos que a permissividade é tão nociva quanto o autoritarismo. Muitos pais saem de um extremo para outro rapidamente. Ficam muito bravos em um momento; em seguida, se arrependem e ficam permissivos. Essa atitude deixa a criança perdida, insegura e sem entender quais são os seus verdadeiros limites. Essa é uma das principais premissas da Disciplina Positiva, aprender a andar no caminho do meio, do equilíbrio.

É importante encontrar o equilíbrio das nossas emoções para evitar explodir por qualquer motivo e, em seguida, ter que "apagar o incêndio" que causamos, com sentimento de culpa e inadequação.

Devemos aprender a ser gentis e firmes ao mesmo tempo. Mas como fazer isso?

Veja os exemplos a seguir:

Autoritarismo

— *Dá esse brinquedo agora, menino!*

— *Se você não parar de fazer isso em um minuto, vai ficar de castigo! — Se você não escovar os dentes, nunca mais vai comer doce. Estou avisando, hein!*

— *Não quero saber de desculpa, vá agora limpar o seu quarto!*

Permissividade

— *Não sei por que você não faz o que pedi. Estou muito chateada com você.*

— *Tudo bem! Eu vou deixar você assistir só mais cinco minutinhos de TV.*

— *Queria que você comesse tudo que coloquei no seu prato. Pense nas crianças que não têm o que comer.*

— *Eu sei que você pode tomar banho sozinho, mas deixa que eu dou banho em você.*

Firme e gentil ao mesmo tempo:

— *Esse não foi o nosso combinado e a resposta é não.*

— *Eu sei que está difícil sair do parquinho e já deu o horário que combinamos de voltar.*

— *Eu entendo que você gostaria de ir à casa do seu amigo, mas hoje é dia de ir à escola. Que tal marcar para o final de semana?*

— *Você não quer escovar os dentes e eu não quero vê-lo com dor quando cariar. Vamos comprar uma escova nova bem bonita para você usar?*

— *Assim que você terminar a lição de casa, poderá ver o desenho.*

13. Pratique o encorajamento: entenda a diferença entre elogiar e encorajar

O encorajamento tem a ver com focar no esforço e nas atitudes das crianças. Ele ensina nossos filhos a confiarem em si, em vez de ficarem buscando aprovação externa.

O elogio foca em características inatas como beleza, inteligência e outros atributos que nasceram com as crianças.

Claro que tudo bem elogiar de vez em quando, o problema é quando só existem elogios, com pouco ou nenhum encorajamento.

Veja exemplos de frases de elogio e de encorajamento a seguir.

No elogio usamos muito a palavra "eu" e expressamos a nossa opinião sobre a criança ou quando evidenciamos muito as características inatas como beleza e inteligência. Claro que elogiar de vez em quando não tem problema nenhum. O problema é quando os pais só fazem elogios e nada de encorajamento.

Exemplos de frases de elogio:

— *EU estou tão orgulhosa de você!*

— *EU estou feliz que você tenha me escutado!*

— EU gostei do que você fez!
— Ótimo! Era o que EU estava esperando! — EU acho você tão inteligente, tão lindo!

Se queremos usar o elogio como um recurso para reforçar a autoestima da criança, precisamos falar sobre as atitudes dela, ou perguntar como ela se sente. O encorajamento tem a ver com valorizar o esforço e as atitudes positivas da criança. Assim, ela pode ter a oportunidade de pensar e desenvolver sua opinião sobre si mesma e não depender da opinião externa para confiar e acreditar que é capaz de realizar o que deseja.

Exemplos de frases de encorajamento:

— Parabéns, VOCÊ se esforçou muito e conseguiu tirar uma boa nota na prova.
— Que incrível! VOCÊ deve estar muito orgulhoso de si.
— Como VOCÊ se sente a respeito disso?
— Uau! VOCÊ encontrou uma solução sozinho!

Construir o elogio focado na criança e não no adulto é o que chamamos na Disciplina Positiva de encorajamento.

14. Troque ordens por perguntas

Ninguém gosta de receber ordem. As ordens não convidam à colaboração e ainda podem ser desrespeitosas. Por que não saímos dando ordens por aí, mas queremos dar ordens aos nossos filhos?

Quando fazemos perguntas em vez de dar ordem, estamos ensinando as crianças a pensar, a encontrar soluções e a saber o que precisa ser feito sem que tenhamos que mandar.

Essa ferramenta é especialmente desafiadora para mães e pais controladores e autoritários, pois estão acostumados a dar ordem sem parar. Aprender a fazer perguntas respeitosas em vez de dar ordem pode ser desafiador no começo. A boa notícia é que com bastante treino esse pode se tornar o seu modo natural de comunicação.

Mandar

— *Vá dormir já!*

— *Pare de brigar com seu irmão agora!*

— *Eu já mandei você parar com isso mil vezes!*

— *Se não guardar esses brinquedos, vou jogar tudo no lixo!*

— *Ande logo! Pare de conversar com seus amigos!*

— *Vá escovar seus dentes, senão vai ficar cheio de cáries!*

Perguntar

— *Já escureceu. O que é hora de fazer agora?*

— *Como você poderia resolver esse problema com seu irmão?*

— *Qual seu plano para fazer a lição de casa?*

— *O que precisa fazer quando termina de brincar?*

— *Qual o nosso combinado quando termina o seu jogo?*

— *O que precisamos fazer quando terminamos de comer?*

As perguntas respeitosas convidam à reflexão, à colaboração e ajudam as crianças a desenvolverem a capacidade de saber o que precisa ser feito por elas mesmas.

Esse é um caminho novo para quem nunca ouviu falar em uma educação respeitosa, mas um caminho sem volta e de resultados espetaculares.

É preciso coragem para confiar na capacidade de aprendizado e realização dos nossos filhos. Também pode ser desafiador deixar que nossos filhos aprendam com os próprios erros, mas esse é um caminho de desenvolvimento de importantes habilidades de vida que farão toda a diferença lá na frente.

Educar filhos para serem adultos capazes, fortes, responsáveis e prósperos é o nosso papel mais importante e desafiador como pais. Sim. Podemos aprender a fazer diferente, podemos ser melhores para nós mesmos e para aqueles que amamos.

CAPÍTULO 11

COMPREENDA MELHOR AS "BIRRAS"

"Birras". Será que realmente sabemos o que essa palavra significa? Coloco as "birras" entre aspas porque, quando compreendemos o que realmente significam, temos vontade de mudar esse termo para algo menos julgador ou que demonstre o que elas realmente representam durante a infância.

A partir do momento em que compreendemos por que elas acontecem, temos a oportunidade de olhar para a situação com outros olhos, ressignificar esse comportamento e mudar as nossas reações. Ao contrário do que muita gente pensa, as crianças não agem assim para provocar seus pais, mas, sim, porque não são pequenos adultos e ainda não aprenderam a lidar com suas emoções e frustrações.

As "birras" **não** são um ataque contra você, mas, sim, um pedido desesperado de ajuda por diferentes motivos, menos por manipulação. Eu também já fui uma mãe que gritava e que se descontrolava quando meus filhos não se comportavam da maneira que eu esperava.

Quando eles ficavam emocionalmente alterados, eu também me alterava. Se nós que somos adultos, por tantas e tantas vezes, não sabemos lidar com nossas emoções, imagine uma criança que nada sabe sobre autocontrole?

OS PRINCIPAIS MOTIVOS DAS "BIRRAS"

1- Imaturidade neurológica

Crianças pequenas possuem dificuldade em expressar o que sentem e têm dificuldade de lidar com a frustração. Elas estão testando você e sendo malcriadas? Não. É por pura imaturidade neurológica mesmo. Simplesmente uma real incapacidade de administrar o que sentem.

Por volta dos dois anos, a criança faz descobertas incríveis e ganha uma enorme capacidade de interação, mas as áreas de autorregulação do seu cérebro ainda não se desenvolveram e por isso tanta dificuldade para lidar com o que sentem. Nessa fase, a criança é simplesmente incapaz de controlar suas emoções.

Esse entendimento nos ajuda a ter mais empatia diante das "birras", em vez de achar que a criança está desafiando a autoridade dos pais. Não adianta achar que ela está sendo malcriada e apenas pedir para que se acalme porque seu cérebro ainda é incapaz de seguir esse comando. Cabe ao adulto ajudá-la a colocar seus sentimentos em palavras e, a partir daí, começar a gerenciar dia após dia as pequenas frustrações que vão surgindo no caminho.

A criança, nesse estágio, começa a perceber que não é uma extensão dos pais, mas, sim, que possui vontades próprias e a esses novos quereres, muitas vezes reprimidos pelos pais, soma-se uma frustração intensa, acompanhada de muitos choros e gritos.

O cérebro dos seres humanos só termina de se desenvolver e amadurecer por volta dos 25 anos, então imagine como uma criança pequena reage às inúmeras frustrações que enfrenta durante a infância: chorando, se debatendo e, muitas vezes, até se jogando no chão.

Elas aprenderam a andar e a falar, estão ávidas para conhecer o mundo e, de repente, os pais falam não para tudo. Elas ainda não sabem administrar o que sentem, são totalmente dominadas pelas emoções e vão aprender a usar a razão com o tempo e também vendo o modelo dos seus pais. Se você explode quando é frustrado, provavelmente seus filhos aprenderão a fazer o mesmo.

Até um adulto muitas vezes não sabe lidar com o que sente. Imagine uma criança, que não tem maturidade cerebral nem emocional. Isso é um processo de aprendizagem, e todos os pais precisam ter ciência dele para lidar melhor com essa fase desafiadora da infância.

2- Necessidades físicas não atendidas

Por trás de um comportamento infantil indesejado, também podem existir necessidades físicas não atendidas. Uma criança cansada, com fome, com sono, pode chorar e se comportar mal porque simplesmente não sabe lidar com aquela sensação nem expressar o que sente.

E os pais, muitas vezes, ficam com raiva pela impotência diante da situação. Algumas "birras" podem ser evitadas apenas ajustando os horários de banho e alimentação da criança para um horário em que ela não esteja com sono, por exemplo.

Compreender que bebês e crianças pequenas se comunicam por meio do choro é importante para mudar a dinâmica do relacionamento entre pais e filhos. E, na verdade, qualquer pessoa cansada ou com fome tende a se irritar ou perder a paciência com mais facilidade.

3- Necessidades emocionais não atendidas

Lembre-se dos "baldes" do pertencimento e da significância que já vimos neste livro. Crianças que não recebem uma quantidade razoável de atenção de qualidade diariamente tendem a ficar carentes, inseguras e começam a buscar a atenção de que tanto precisam se comportando mal, chorando ou fazendo "birras".

Muitas vezes, um acolhimento, um abraço ou a simples presença calma dos pais pode ser suficiente para acalmá-las em episódios desafiadores.

Como agir nesses momentos

Nem sempre adianta tentar acalmar uma criança nessa hora. Apenas esteja por perto. Seja uma presença adulta que ajuda e acolhe. Não fique gritando junto ou ameaçando colocar de castigo, não abandone, nem se desespere. Tire o foco, mantenha-se em seu lugar de adulto e cuidador e espere a criança se acalmar. Sim! Você é o adulto dessa relação e não o contrário.

Também não tente ensinar ou falar algo importante nessa hora, espere a "birra" acabar. Respire fundo e se lembre de que essa fase vai passar. Pratique dizer: "Filho, eu te amo, mas assim não consigo falar com você". Fique por perto em silêncio e continue: "Quando estiver mais calmo ou quiser um abraço, estarei por aqui, ok?". Depois que a criança estiver calma, você ensina o que gostaria. Ninguém aprende nada na hora da raiva.

Crianças aprendem o autocontrole com o tempo, com o amadurecimento e de acordo com o modelo de seus pais. Se você grita e se descontrola, é isso que seus filhos aprenderão. Se consegue manter o autocontrole diante de crises, é esse o modelo que seu filho levará para a vida dele também.

Parece impossível?

Sim, no começo pode ser mesmo muito desafiador, como tudo de novo que aprendemos, mas garanto que valerá a pena praticar essa nova maneira de lidar com seus filhos.

Aprenda a fazer pedidos sem o não

Aprender a fazer pedidos de forma afirmativa em vez de negativa pode fazer uma grande diferença na resposta que temos dos nossos filhos e principalmente para evitar as "birras" causadas pelo excesso de "náos" que os pais dizem aos filhos nessa fase da vida.

Nosso cérebro não reconhece bem a palavra não. Se eu pedir para você não pensar em um guarda-chuva amarelo, imediatamente sua mente vai trazer a imagem do objeto mencionado, então precisamos aprender a pedir o que queremos que nossos filhos façam, em vez de pedir o que não queremos que eles façam.

Diga:
- "Cuide bem dos seus brinquedos" em vez de "Não quebre seus brinquedos".
- "Faça carinho na sua irmã, ela gosta" em vez de "Não bata na sua irmã".
- "Desça daí" em vez de "Não suba aí".

No começo pode parecer impossível, mas com a prática e a persistência vai ficando muito mais fácil e você vai se surpreender com a mudança no comportamento das suas crianças.

Não precisamos dizer não para o que pode ser sim. Deixe para usar o não ao colocar um limite e se tiver certeza de que não mudará de ideia quando seu filho chorar ou se frustrar com sua resposta.

Meu filho pequeno me bateu. O que fazer?

Recebo muitas dúvidas de pais que não sabem o que fazer quando o filho bate, puxa o cabelo ou tem qualquer tipo de reação indesejável durante um ataque de "birra".

Como já vimos, crianças nada sabem sobre se controlar e não sabem o que fazer quando ficam frustradas e com raiva, a não ser expressar livremente o que sentem. É nosso papel modelar o respeito e o autocontrole que queremos ensinar.

Claro que bater em qualquer pessoa não é uma atitude aceitável e muito menos bater no pai ou na mãe, mas crianças não nascem sabendo disso, elas precisam que alguém as ensine. Se seu filho pequeno em um momento de "birra" ou de descontrole bater em você, pare, mantenha-se calmo e não revide. Se bater de volta e dizer para ele não bater porque é errado, seria muito incoerente, não é mesmo? Como ensinar a não bater, batendo?

Como ensinar a não gritar, gritando? Precisamos ser o modelo que queremos ensinar. Então, na próxima vez em que isso acontecer na sua casa, respire fundo, lembre-se de que crianças pequenas ainda não possuem a habilidade de se controlar, mas aos poucos aprenderão com os exemplos de seus pais e por seu amadurecimento natural.

Valide as emoções e mostre empatia:

— Filho, você está com muita raiva porque eu não deixei você fazer o que queria, tudo bem ficar bravo, mas nunca devemos bater em ninguém. O que você pode fazer na próxima vez que ficar muito bravo em vez de agir assim? Que tal se deitar na sua cama até passar a raiva e depois que se acalmar você volta para continuar brincando?

Você ainda pode dizer que tudo bem ficar com raiva, mas não é certo bater nas pessoas ou quebrar os brinquedos só porque está nervoso.

É importante reconhecer e validar as emoções da criança, dar nome ao que ela está sentindo, dar opções de diferentes formas para que possa expressar sua raiva sem repressão e sem machucar ninguém.

Essas atitudes farão diferença no desenvolvimento emocional do seu filho. Claro que, se essa criança apanha quando os pais ficam bravos, ela aprenderá a fazer o mesmo. Se queremos educar os nossos filhos emocionalmente, precisamos começar a nos perceber primeiro.

Mantenha os limites mesmo diante das "birras"

Manter a calma não significa ceder e atender a todos os desejos da criança, pois essa atitude passaria a ela uma mensagem inadequada: a de que "se eu chorar ou gritar, conseguirei tudo o que quiser".

Quando cedemos a um desejo por causa do choro, não deixamos a criança sentir que é capaz de tolerar limites e sobreviver a uma frustração, algo fundamental para desenvolver a resiliência ao longo da infância e tão importante para alcançar o sucesso na vida adulta. O melhor caminho é saber dizer não sempre que necessário e acolher a frustração decorrente desse não.

Se não mantemos o limite que definimos, a "birra" continuará. Algumas situações são realmente inegociáveis e é preciso impor limites claros, como, por exemplo, o uso do cinto de segurança. Tem que usar o cinto e pronto, e essa responsabilidade é dos pais. Mesmo que a criança chore, é fundamental para a segurança dela. Faça combinados sobre a importância do uso sempre que entrar no carro, coloque o cinto de forma respeitosa e siga adiante. A criança vai perceber aos poucos que, mesmo que não colabore, o cinto deve ser usado de qualquer maneira.

O "sequestro" da amígdala e as "birras"

Falamos sobre o papel da amígdala no controle das nossas emoções no capítulo 6 deste livro. Entendemos que é na amígdala que "mora" o controle das nossas emoções. Ela também é responsável por proteger a nossa vida, pelas respostas de lutar ou fugir. Sabe aquele sentimento de urgência instintivo para salvar a própria vida? Imagina que você vê uma cobra venenosa passando do seu lado. Você, com certeza, não irá ficar parado esperando a cobra sair. O seu cérebro emocional e primitivo mandará ordens de "perigo à vista" para proteger a sua vida e, em milésimos de segundos, você estará bem longe dali, por puro instinto. O mesmo mecanismo acontece quando estamos em situações com grande impacto emocional.

Toda vez que alguém gritar, bater e castigar uma criança desencadeará uma resposta com alto impacto emocional e essa sensação será reconhecida pela amígdala como uma ameaça à vida e ficará aí arquivada como um registro perpétuo de proteção e que posteriormente controlará, inconscientemente, as reações dessa criança ao longo de sua vida quando estiver diante de gritos ou situações que amedrontam.

Por isso gritos e surras traumatizam. Porque o impacto emocional negativo é tão grande, o medo despertado é tão intenso que a amígdala reconhece essas atitudes como ameaça à vida e o cérebro registra como se fosse uma "grande biblioteca" para reconhecer possíveis ameaças futuras e proteger a vida.

É fundamental entender como funciona esse processo para aprendermos a desenvolver o autocontrole. Quando estivermos nesse estado de descontrole, precisamos respirar, nos acalmar, silenciar, contar até dez e esperar a razão voltar para lidar com o mau comportamento dos filhos, para falar com o cônjuge ou para resolver qualquer conflito nas nossas vidas.

Durante as "birras" é isso que acontece. A criança fica dominada pelas emoções, pois ainda não sabe usar a razão para lidar com o que sente, então o caos se instala por conta dessa falta de habilidade durante a infância.

Quando levamos esse cenário para a esfera familiar, é importante lembrar que, nesses momentos de fúria, o melhor que temos a fazer é: esperar ou não fazer nada. Aguardar a hora certa de falar, de pedir, de conversar, de se colocar ou simplesmente se calar até que possa se comunicar em tom respeitoso novamente. Essa atitude evitará inúmeros conflitos desnecessários.

A sua constância é mais importante do que a velocidade

Como já vimos, adquirir um novo padrão de comportamento pode levar tempo. Vai exigir dedicação, constância, persistência e, principalmente, muita paciência. Querer ir rápido demais ou desistir na primeira dificuldade não vai funcionar.

Aprender a se relacionar de forma respeitosa com os filhos não é como tomar uma pílula e tudo melhora como em um passe de mágica.

"Nossa! Agora tudo mudou! Agora está tudo ótimo." Não é assim!

Claro que haverá dias em que teremos atitudes que nos desagradam e que não gostaríamos que tivessem acontecido. Mesmo querendo acertar, teremos dias em que vamos perder a paciência, quando estivermos cansados ou as crianças demorarem para terminar o jantar.

Em outros dias, vamos ter vontade de gritar quando vermos nossos filhos brigando por causa de um brinquedo depois de ter repetido a mesma coisa pela milésima vez no dia. Faz parte. Está tudo certo!

Não se preocupe tanto com a exceção, desde que na maioria dos dias prevaleçam o acolhimento, o respeito, menos julgamento, menos críticas, crianças brincando pela casa e memórias de uma infância feliz que serão guardadas no coração.

A infância passa rápido demais. Cada dia importa, e muito!

Em outros dias, vamos ter vontade de gritar quando vermos nossos filhos brigando por causa de um brinquedo depois de rer e perder a mesma coisa pela milésima vez no dia. Faz parte. Está tudo certo.

Não se preocupe tanto com a exceção, desde que na maioria dos dias prevaleçam o acolhimento, o respeito, menos julgamentos, menos críticas, crianças brincando pela casa e memórias de uma infância feliz que serão guardadas no coração.

A infância passa rápido demais. Cada dia importa, e muito!

CAPÍTULO 12

COMO SUA PERSONALIDADE INFLUENCIA O COMPORTAMENTO DOS SEUS FILHOS?

A formação da personalidade

Em algum momento você já deve ter se questionado sobre seus filhos, por serem um diferente do outro ou até mesmo você de seus irmãos, que viveram na mesma família, filhos dos mesmos pais e que foram educados da mesma maneira. Se vivemos em um mesmo ambiente e crescemos em contextos semelhantes, por que somos tão diferentes uns dos outros?

Alfred Adler salientava que nós respondemos ativa e criativamente às várias influências que afetam nossas vidas. Não somos objetos inertes que aceitam de forma passiva todas as forças externas. Procuramos ativamente certas experiências e rejeitamos outras. Codificamos e interpretamos a experiência de modo seletivo, desenvolvendo um esquema de percepção individualizado e formando um modelo próprio de relacionamento com o mundo.

Para Adler, esse processo de formação de um objetivo ou estilo de vida e esquema de percepção é essencialmente um ato criativo que se baseia no meio ambiente em que vivemos e crescemos. Adler atribuiu

175

ao indivíduo unicidade, consciência e controle sobre nosso destino. Ressaltou que não somos meros joguetes impotentes de forças externas. Moldamos nossas personalidades pelo ambiente e como encaramos as experiências que vivemos durante a infância.

> Todo indivíduo representa tanto a unidade da personalidade quanto a forma individual dessa unidade. Assim ele é tanto o quadro, quanto o artista. Ele é o artista de sua própria personalidade.
>
> **(Adler, 1956)**

Podemos admitir que o desenvolvimento da nossa identidade ocorre também por meio de trocas com outras pessoas, principalmente com os pais ou cuidadores. Essa identidade pode ser muito enriquecida quando essas trocas são feitas de forma positiva e encorajadora.

Nossa personalidade pode contribuir para o mau comportamento dos filhos

Nossa personalidade define a forma como as crianças respondem ao que pedimos a elas. O mau comportamento não é apenas uma reação infantil, o tipo de personalidade dos pais também pode influenciar o comportamento das crianças. Nossa personalidade contribui em torno de 50% com a resposta que teremos dos nossos filhos, e compreender quais são nossas características que podem disparar os gatilhos do mau comportamento neles é de grande importância para a melhoria dessa relação.

A boa notícia é que, com alguns pequenos ajustes em nossas reações, nossos filhos naturalmente começarão a responder melhor aos nossos pedidos e essa mudança pode afetar positivamente o comportamento deles. Podemos até perceber uma melhora na maneira como o cônjuge ou outras pessoas se relacionam conosco também.

Adler definiu quatro tipos de personalidades predominantes. Cada uma das quatro prioridades tem seu conjunto de oportunidades e desafios, e é importante lembrar que essas são simplesmente nossas tendências naturais. Todos podemos superar os pontos negativos na nossa forma atual de sermos pais para nos tornarmos os pais que nossos filhos precisam e merecem.

Neste capítulo, abordaremos cada tipo de personalidade e as alterações simples que podem ser feitas para obtermos melhores resultados no relacionamento com os nossos filhos.

É importante ressaltar que nenhum estilo parental é melhor ou pior que outro. Cada um deles tem seus benefícios e suas desvantagens que precisam ser levados em consideração.

Além disso, a personalidade predominante é definida pelas reações que geralmente acontecem quando estamos estressados ou irritados. Por isso que é tão importante reconhecermos qual a nossa e compreender como respostas automáticas no relacionamento com os filhos podem influenciar fortemente no comportamento deles.

Todo ser humano possui uma forma de reagir quando submetido ao estresse, mas isso não o define, apenas caracteriza sua escolha predominante de agir. Para conhecermos um pouco mais sobre essas escolhas, falaremos sobre os quatro tipos de personalidades definidas por Adler. Pode ser que você perceba que se encaixe em mais de um tipo de personalidade e está tudo certo, mas sempre haverá aquela que será predominante, principalmente nos momentos mais estressantes.

As quatro personalidades parentais predominantes segundo Adler

Se você sente medo de rejeição, provavelmente sua personalidade predominante é a **Agradável**.

Se evita ao máximo o estresse, então sua personalidade predominante pode ser a **Conforto**.

Se tem medo de ser criticado ou humilhado, então sua personalidade predominante pode ser a **Controle**.

Se evita ou tem medo de se sentir insignificante ou ainda se é uma pessoa que secretamente se sente insegura, com medo e percebe não suportar sentimentos de inferioridade, então sua personalidade predominante pode ser a **Superioridade**.

Personalidade agradável

Se você se identificou por temer a rejeição, pode ser que sua prioridade e estilo de vida estejam relacionados a agradar. Isso mesmo! Você precisa se questionar se age como um camaleão.

Pais com esse tipo de personalidade podem ter tendência a serem permissivos com seus filhos, pois possuem dificuldades de colocar limites e dizer não. Isso acontece por um medo inconsciente de serem rejeitados, então fazem de tudo para que os filhos se sintam bem, evitando que as crianças passem por frustrações. Porém, tanto os limites quanto as frustrações são necessários para o desenvolvimento saudável da personalidade de cada criança. Sem esses ingredientes, ela terá dificuldade para lidar com os desafios da vida.

Pais com esse perfil normalmente possuem a tendência de dizer "sim", quando na verdade gostariam de dizer "não", e acabam se sentindo sobrecarregados com as tantas tarefas que acabam acumulando para si. Você já percebeu que tende a dançar conforme a música?

Faz de tudo para agradar as pessoas ao seu redor e acaba se desagradando? Você se sente ressentido por achar difícil colocar limites e manter o seu **não**? Você também deve se lembrar dos desabafos com seus amigos mais próximos sobre alguma situação que o incomodou, mas que evitou conversar diretamente com a pessoa relacionada ao fato por medo de lidar com os conflitos que essa atitude poderia lhe trazer?

Procura agir amigavelmente, para evitar todo tipo de problema, e tem a necessidade de se sentir compreendido. Você já deve ter se deparado com situações em que percebeu se preocupando mais com as motivações dos outros do que com as próprias. Ou, então, engole o "sapo" e reage de modo racional, evitando falar sobre seus sentimentos, como também tenta consertar tudo para tornar todos a sua volta um mar de felicidade, não é mesmo?

Você também pode ainda, em alguns momentos, se calar para evitar conflitos e, quando tem a oportunidade de se lamentar, sente pena de si diante dos seus problemas. Eu entendo você. Afinal, quer levar felicidade a todos e, quando fracassa, sofre muito por isso. Pode ser ainda que se esforce tanto para agradar os outros e, quando não recebe o reconhecimento esperado, se sente injustiçado.

Como tudo na vida tem o lado bom, esse perfil também possui muitos pontos fortes. Em geral, tem facilidade para reconhecer o lado bom das pessoas, mostrando sensibilidade e empatia. Por ser muito atencioso, tende a possuir muitos amigos, e esses se sentem acolhidos, pelo grau de compromisso e atenção dedicados a eles.

Diante dessa forma de ser, geralmente se encontra atraindo ou lutando contra problemas, como sentimento de rejeição ou ciclos de vingança, ressentimento e momentos em que se sente ignorado, recorrendo a recursos para tentar fingir que está tudo bem. Se você tem a personalidade agradável, deve estar se identificando muito com esta descrição.

Também, quando não consegue as coisas do jeito que gostaria, tende a sentir uma redução no crescimento pessoal, perda do senso de si e do que lhe agrada. Quando se sente estressado, espera que os outros demonstrem o carinho "merecido" e, secretamente, pode desejar ser acolhido com um abraço que demonstre aprovação, amor e compreensão.

O que você pode fazer para amenizar esse contexto que o faz sofrer?

Não leve tudo para o lado pessoal e tampouco tenha receio de pedir ajuda ou de solicitar uma perspectiva diferente quando necessário. Você pode permitir que os outros tenham os próprios sentimentos e compreender que esses não pertencem a você. Portanto, aprenda a dizer não e a manter a sua decisão.

Pare e reflita sobre a seguinte pergunta: por que preciso evitar conflitos o tempo todo e agradar a todos, mesmo me desagradando?

Saiba que é possível colocar limites e dizer não de forma respeitosa. Seus filhos precisam que você tome essa atitude, pois crianças pedem por limites claros. Elas não nascem com a habilidade de saber até onde podem ir, nós que precisamos ajudá-las.

Elas precisam saber que regras existem para ser respeitadas, tanto em casa quanto na sociedade.

Pratique dizer "não". Resista a dizer "sim" para todas as oportunidades ou pedidos que não gostaria de atender.

Seu grande desafio não é ser o melhor amigo dos seus filhos, mas equilibrar gentileza com firmeza. Estabelecer limites e manter-se firme a eles.

Reconheça que seus filhos amam você e o valorizam incondicionalmente quando recebem seu amor e respeito, e isso não é baseado "no quanto" você faz por eles, mas na qualidade da relação entre vocês.

Personalidade controle

Se você se identificou por evitar a crítica ou a sensação de humilhação, provavelmente a sua prioridade e estilo de vida estão relacionados ao controle.

Pais com essa personalidade possuem a tendência de querer ter sempre razão, a ter uma maneira correta para que seus filhos façam cada atividade e acabam não dando espaço para que suas crianças usem a criatividade ou tenham liberdade de escolha.

Quando está sob estresse, você fica raivoso? Manda nos outros? Quer organizar tudo de sua forma? Argumenta e quer convencer o outro de suas ideias?

Você tende a sufocar seus sentimentos e calcula bem o próximo passo? Reclama, suspira, fica com raiva, procrastina, explica e defende.

Mas também possui muitos pontos fortes. É um ótimo líder e administra bem os momentos de crise. Assertivo, persistente, bem organizado e produtivo. Cumpridor da lei.

Alcança o que quer e é capaz de realizar tarefas e resolver problemas. Toma a frente das situações e espera pacientemente. Pode ser uma pessoa generosa e serena quando não está tentando controlar tudo a sua volta.

Veja quantos pontos fortes! Mas, ao mesmo tempo, a necessidade de controle faz com que você perca a espontaneidade e, muitas vezes, o senso de humor, uma habilidade tão importante para se conectar com os filhos.

Pode ainda se esforçar para manter uma distância social e emocional segura das pessoas, para evitar que os outros descubram seus pontos fracos.

Tende ainda a entrar em muitas disputas por poder com os filhos, por não permitir que eles se expressem com liberdade. Evita lidar com o problema quando se sente criticado e fica na defensiva em vez de se abrir. Pode ainda ser muito crítico e severo nos julgamentos. Conquistar respeito, cooperação e lealdade é o seu maior foco.

Quando está estressado, sente a necessidade de que os outros concordem com suas ideias ou que lhe permitam liderar. Você precisa de tempo e espaço para clarear seus sentimentos.

O que fazer diante desse cenário?

É preciso abrir mão de querer ter sempre razão ou de querer controlar tudo e todos. Tomar consciência de que querer controlar o que está fora é muito desgastante e pode trazer muitos conflitos para o seu dia a dia. Permita que seus filhos possam experimentar a vida da forma única de cada um, pois existem maneiras diferentes de fazer a mesma coisa.

Em vez de ficar na defensiva, procure solicitar ajuda. Dê opções. Abra-se para se expressar sem medos. Aprenda a delegar mais.

Desista de querer dar ordens o tempo todo, corrigir e dirigir seus filhos e outras pessoas importantes em sua vida.

Não corrija a criança se as coisas não forem feitas "à sua maneira". Dê aos seus filhos opções que permitam a você tomar decisões reais ao longo do dia, sem a sua intromissão.

Decida quais são as coisas mais importantes e deixe o resto acontecer. Relaxe um pouco!

Diga sim mais vezes. Encontre maneiras de transformar um "não" em outras palavras. Exemplo: quando a criança perguntar "podemos ir ao parque?", resista a dizer: "Não. Você tem lição de casa para fazer". Em vez disso, diga "Uau! O parque parece realmente divertido! Podemos ir amanhã depois da escola ou no fim de semana. Qual dos dois você prefere?".

São pequenos ajustes na forma de falar e de se expressar que podem trazer grandes mudanças na interação e na resposta dos seus filhos.

Personalidade superior

Se você se identificou com o medo de se sentir inferior ou insignificante, então provavelmente sua personalidade predominante seja a superioridade.

Pais com essa personalidade tendem a deixar seus filhos com a sensação de que nunca serão bons o suficiente, pois não importa o quanto façam, são tantas as exigências que podem parecer inalcançáveis para os filhos.

Quando estão sob estresse talvez tenham a tendência de se tornarem muito críticos, tanto com os outros quanto consigo, e chegam a sofrer muito quando sentem que erraram. Tendem a querer corrigir os outros e, principalmente, os filhos com muita frequência, trazendo um sentimento de inadequação para aqueles com quem convivem.

Em relação aos seus pontos fortes, esses estão relacionados a manter-se bem informados e a realizar muitas tarefas ao mesmo tempo. Pessoas com essa personalidade são muito proativas e não precisam esperar alguém lhes dizer o que fazer para que as coisas sejam feitas. Têm bastante autoconfiança e podem ser pessoas ponderadas e valorizadas quando não estão em busca de status. Recebem muitos elogios por sua enorme eficiência e, ainda, muitas recompensas em função do seu perfil.

Ao mesmo tempo, atraem para si muitas tarefas e compromissos e podem terminar se comprometendo além da conta, sentindo-se frequentemente sobrecarregadas.

Muitas vezes, são vistas como os sabe-tudo ou rudes e podem ser que não estejam cientes de como essas atitudes podem ocasionar problemas. Há ainda a tendência de ficarem insatisfeitas, porque sempre acham que poderiam ter feito mais ou até melhor. Também tendem a duvidar do próprio valor.

Que tal parar de procurar por culpados e começar a trabalhar em soluções? Comece a valorizar e reconhecer seus esforços e de seus filhos, foque em agradecer pelo que você tem e não a reclamar pelo que ainda falta. Demonstre interesse pelos outros e seja curioso sobre eles.

Pratique o amor incondicional para que seus filhos não sintam que seu amor e carinho são baseados apenas em atender às suas expectativas.

Esteja atento à forma de corrigir ou criticar os esforços de uma criança, mesmo que ela não esteja "certa", pois o tom de voz e a maneira de falar podem fazer toda a diferença.

Passe mais tempo ouvindo, em vez de dar sermóes ou sua opinião. Incentive o esforço, a melhoria e o empenho de realizar do seu filho. Concentre-se no que ele tem feito de bom e o encoraje a seguir em frente cada vez mais.

Traga as crianças para o processo de tomada de decisão. Valorize sua participação na resolução de problemas. Reconheça que suas ideias e respostas nem sempre são as únicas que podem dar certo.

Dê a si alguma folga para ser imperfeito, para se aproximar de sua humanidade com amor, com empatia e aceitação. Ninguém precisa ser perfeito para ser amado e descobrir isso pode ser muito libertador.

Personalidade conforto

Se você percebeu que evita muito o estresse, sua prioridade de estilo de vida é a conforto.

Pessoas com essa personalidade não gostam de sair da zona de conforto.

Quando você está sob estresse, faz o seguinte: enriquece o ambiente com piadas, intelectualiza o contexto, faz apenas as coisas que você se sente confortável e já faz bem.

Você evita novas experiências e escolhe o caminho mais tranquilo. Esforça-se o mínimo possível até para falar. Evita riscos e se esconde de modo que ninguém descubra que você não é perfeito.

Reage exageradamente, reclama, grita e toma conta de cada detalhe. Não pede ajuda e se fecha em seu casco. Ataca como uma tartaruga mordedora e tranca suas emoções. Não é mesmo?

Quando você não está sob estresse, tem muitos pontos fortes. Você percebe que as pessoas gostam de estar a sua volta, é flexível e faz todas as tarefas bem-feitas.

Cuida de si e das suas necessidades. Você percebe que pode contar com os outros para ajudá-lo. Faz as pessoas sentirem-se à vontade e, quando não está buscando conforto, se torna uma pessoa corajosa e graciosa.

Mas você luta contra alguns problemas, sofre de tédio, por vezes se sente preguiçoso, por isso apresenta falta de produtividade, sente dificuldade de se automotivar e resiste em fazer a sua parte.

Ainda mais, requer atenção e serviços especiais. Preocupa-se muito, mas ninguém sabe o quanto está assustado. Perde oportunidade de compartilhar suas angústias e prefere esquivar-se de situações desconfortáveis, em vez de enfrentá-las.

Também gera expectativa para ser cuidado, em vez de se tornar independente, e provoca estresse nos outros. Quando está estressado, precisa que os outros não o interrompam e que o convidem a participar com os seus comentários nos diálogos gerados.

Você espera que possam ouvi-lo tranquilamente, deem espaço para suas colocações, demonstrem confiança e o encorajem a dar pequenos passos.

Tenha iniciativa de compartilhar seus talentos com os outros. Na verdade, o que você almeja é que as coisas sejam tão fáceis como parecem no seu ponto de vista. Ficar só, ter o próprio espaço e atender ao seu ritmo é o seu desejo. Você não quer discutir e gastar energia com contextos que possam trazer qualquer estresse.

Nada de desculpas

Também é importante lembrar que sua prioridade de personalidade não é uma desculpa para as próprias reações negativas ao seu filho, como por exemplo:

— *Eu sou agradável, por isso não consigo colocar limites nos meus filhos;*
— *Eu sou controlador e não consigo evitar querer dominar meus filhos.*

As prioridades da personalidade definem suas reações "instintivas". Mesmo nos momentos mais estressantes, você tem a oportunidade de fazer uma escolha consciente e mudar a sua forma de agir para uma reação que trará melhores resultados.

Você continuará permitindo que suas reações instintivas o levem a reagir de maneira negativa e continue trazendo comportamentos inadequados a seus filhos ou mudará suas reações com a finalidade de proporcionar interações mais positivas entre você e seu filho?

Quanto mais pratica conscientemente um determinado comportamento ou reação, mais fácil vai se tornando. De tanto praticar, essa nova característica vai sendo incorporada naturalmente como sua.

Nosso comportamento importa

Vamos supor que você seja uma mãe muito controladora ou uma mãe muito agradável e boazinha demais. Na verdade, são dois extremos e isso vai influenciar na forma que cada filho se comporta.

Quando compreendemos o impacto que a nossa personalidade tem no resultado do comportamento dos nossos filhos, conseguimos virar essa chave e transformar o relacionamento para melhor.

Quanto maior a compreensão que temos desses gatilhos que as nossas personalidades disparam, influenciando o comportamento dos nossos filhos, mais rápido acontecerá a mudança que desejamos.

Como uma mãe com personalidade agradável afeta o comportamento do filho sem perceber

O caso de Jonathan

Jonathan, com apenas seis anos de idade, estava habituado a uma educação permissiva. Sua mãe Joana não sabia dizer não para nada. Naquele sábado à tarde, chovia torrencialmente e estava quase no horário do treino de futebol do garoto. Ele, com o uniforme do time, corria de um lado para outro da casa, chutando a bola de forma rasteira, mostrando sua inquietude em sair para o treino. Joana nem sequer ousou impedir a saída do filho, prevendo o possível "barraco" se o impedisse de sair. Ela olhou pela janela, percebeu a chuva, que parecia estar diminuindo, e pensou: "É uma quadra só, nem vou falar nada". Olhou para o relógio na parede ao mesmo tempo em que Jonathan falou que estava indo. A bola ficou no meio da sala e ela escutou a batida da porta.

Jonathan correu o mais rápido que pôde até o estádio e sentiu seu corpo ficando muito molhado. Chegou tão encharcado ao local que escorria água de sua camiseta em suas pernas. Para sua surpresa, não havia ninguém lá. Ele resolveu sentar-se e esperar um pouco. Passados alguns minutos, Jonathan começou a refletir: "Minha mãe não me falou nada nem me impediu de vir". Ele estava se sentindo desconfortável, todo molhado. "Acho que ela não se importa comigo como as mães de meus amigos. Será que ela gosta de mim?".

Jonathan sentiu uma vontade enorme de chorar. Não tinha motivação em voltar para casa nem de ficar no local em que estava. Como não tinha outra solução, começou a sentir muita raiva. O desconforto da roupa molhada falou mais alto e ele voltou caminhando lentamente para casa. Jonathan sentiu sua testa muito enrugada e a sua boca com os lábios pressionados entre si.

Ao abrir a porta, Jonathan se deparou com a mãe assistindo à televisão. Ela disse:

— Não teve treino, filho?

— Nããooo! – gritou Jonathan, muito furioso.

Ele seguiu até seu quarto, deixando o rastro molhado de sua pisada pela casa. Joana simplesmente não se posicionou.

Pais que evoluem

Você consegue perceber a leitura que um filho faz com as atitudes de permissividade dos pais? Muitas vezes, eles não se sentem amados. No caso de Jonathan, ficou claro como a falta de limites e de atenção maternos o afetaram negativamente.

Ele se comparou aos colegas do time e sofreu muito com o ocorrido. Dessa forma, já que a mãe não colocou limite impedindo-o de sair no meio de uma tempestade, a tendência é que a criança comece a buscar as próprias referências de limite e pode perder a noção do que é saudável ou não. Além disso, se torna insegura e estará sempre precisando que alguém a ajude a definir até onde pode ir, já que não recebeu essa percepção de seus pais.

Vale lembrar que todos nós possuímos pontos fortes e fracos. Qualidades e defeitos. Dessa forma, devemos focar em melhorar os pontos fracos e reforçar os pontos fortes, tanto nossos quanto dos nossos filhos.

Sempre lembrando que os pais fazem parte da construção da personalidade dos filhos e possuem grande influência sobre esses aspectos. A etapa de vida como pais de crianças é curta, não teremos a oportunidade de voltar no tempo para refazer a infância.

O impacto das experiências negativas que temos ao longo da vida nos leva a querer melhorar, e é exatamente essa busca que pode nos impulsionar para o desenvolvimento de uma personalidade mais equilibrada e harmoniosa.

Ninguém pode fazer essa transformação, a não ser nós mesmos, por livre e espontânea vontade. Você só pode fazer a sua parte. Não pode mudar o seu companheiro ou a sua companheira. Apenas eles mesmos poderão dar esse passo, se assim desejarem. Faça a sua parte assim mesmo.

Saiba que a influência dos pais na formação da personalidade dos filhos é mais abrangente do que podemos imaginar. As atitudes dos pais e as práticas educacionais influenciam na saúde, no funcionamento emocional, no desenvolvimento da personalidade, no sistema de valores e códigos de moralidade, bem como no desenvolvimento intelectual dos filhos.

Comece agora mesmo a fazer as mudanças necessárias para uma vida em família mais equilibrada.

CAPÍTULO 13

CRIANDO CONEXÕES
PARA TODA A VIDA

Q uando os filhos são emocional e positivamente conectados aos pais durante a infância e adolescência, recebem um apoio valioso que os ajudam a crescer, a se
desenvolver de forma mais saudável, mais segura, mais
equilibrada, e são mais propensos a ser prósperos e
felizes na fase adulta. Ou seja, tornamo-nos mais fortes e independentes quando abastecidos de amor e conexão no início da nossa vida.

Se a relação na família se desenrolar de forma saudável e equilibrada na infância e na adolescência, a tendência é que, por meio
dessa experiência, aprendamos a fazer melhores escolhas e também
a interpretar as experiências que temos de forma a solucionar qualquer dificuldade, em vez de ficarmos paralisados com elas. Assimi-
lamos importantes habilidades sociais e de vida que nos ajudam a
manter os relacionamentos existentes e a desenvolver novos com
ousadia, sem medo de sermos rejeitados.

Tornamo-nos pessoas que gostam de vínculos e que tendem a

buscar relações mais equilibradas ao longo da vida. Tornamo-nos autossuficientes e aprendemos a nos relacionar bem com as diferenças. Quando somos respeitados e aceitos, apesar de nossos defeitos, desenvolvemos melhor a empatia, essa habilidade tão importante de se colocar no lugar do outro.

Dentro da família, desenvolvemos uma variedade de habilidades que não seriam facilmente aprendidas por meios próprios. As lições sociais e emocionais são mais bem aprendidas por intermédio dos relacionamentos com nossos pais em um ambiente familiar afetuoso, respeitoso, com limites claros, com regras fixas e seguras.

A infância é o momento ideal para construirmos as bases emocionais e os valores de vida de um ser humano. Não apenas porque existe uma vida inteira pela frente para fazer a diferença, mas também devido ao momento da dependência de uma criança em relação aos pais. Como nossos filhos desde bebês dependem muito de nós para satisfazer suas necessidades físicas e emocionais, há muitas oportunidades ao longo da infância para que os pais passem importantes valores de vida para eles e invistam em criar um vínculo saudável, seguro e duradouro para a família.

Vimos anteriormente que o ato de trocar fraldas, alimentar, dar banho, ninar, acalmar, tudo isso ajuda os bebês a desenvolverem a confiança e a conexão com os pais ou cuidadores já no início da vida. E essa relação vai ficando cada vez mais próxima e profunda de acordo com as trocas emocionais que fazemos ou não com os nossos pais.

É no ato de cuidar atentamente que nasce a conexão. Pais cuidadosos podem ter muitas atitudes para aprofundar a qualidade da relação com os filhos. E pode ser muito desafiador alcançar e nutrir o relacionamento com os filhos se estivermos sobrecarregados com problemas pessoais. Às vezes, nosso foco pode fazer com que nos voltemos unicamente para nós mesmos e podemos acabar impossibilitados de enxergar as necessidades emocionais dos filhos, por isso a tomada da consciência que vimos ao longo deste livro ajudará na construção da conexão que podemos criar com os nossos filhos durante toda a vida.

Pais deprimidos, isolados, com problemas conjugais ou que possuem questões emocionais mal resolvidas, têm maior dificuldade para formar uma conexão saudável com seus filhos. No entanto, as crianças têm a capacidade de despertar nossas questões mal resolvidas, muitas vezes da nossa infância e, quando não possuímos o autoconhecimento necessário para separar o que é nosso e o que é dos nossos filhos, muitos desentendimentos e desconexões podem ocorrer.

Relacionamentos são como a dança. Quando um se move, o outro também se move. Os melhores dançarinos aprendem a identificar e a responder o ritmo um do outro. Esse movimento se aplica à relação com aqueles que amamos e, nesse caso, quando mudamos, nossos filhos também mudam.

Quando uma criança sorri animada, sorria de volta com o mesmo entusiasmo. Quando seu filho expressar sentimentos de mágoa, responda à dor emocional com empatia e cuidado. Quando respondemos atentamente aos comportamentos do nosso filho, ele também aprenderá a responder adequadamente ao nosso e ao dos outros. Ele aprenderá que sentir é seguro e, principalmente, desenvolverá a grande habilidade de gerir as próprias emoções ao longo da vida. Como teria sido a nossa vida se nossos pais tivessem nos ensinado isso desde crianças? Imagino que, talvez, teríamos trilhado um caminho mais equilibrado no que diz respeito às nossas emoções, não é mesmo? Mas se não tivemos essa possibilidade, tudo bem. O importante é que, agora, podemos oferecê-la aos nossos filhos.

A parentalidade positiva nos propõe um olhar atento às necessidades de uma criança, oferecendo tempo de qualidade, escuta ativa e consideração pelos sentimentos e, à medida que elas vão crescendo, precisamos nos capacitar para aprender a diferenciar uma necessidade de um desejo, por isso a conexão com os nossos filhos em particular ajudará muito a nos tornarmos mais sensíveis para compreender essas diferentes demandas.

Por exemplo, uma criança que vai ao *shopping* com os pais e quer muito comprar um brinquedo. Isso é um desejo e não uma necessidade. Mas ela pode começar a chorar bastante depois de horas passeando, pois ficou cansada e não sabe expressar o que sente de outra forma. Isso seria uma necessidade física não atendida, um cansaço que está sendo expressado de uma forma que pode tirar o controle dos pais.

E o descontrole pode ainda persistir por muito tempo se os pais não compreenderem essa inabilidade de se expressar de uma criança com um cérebro ainda imaturo e reagirem sem dar o acolhimento desejado. Então, uma necessidade física não atendida será somada a uma necessidade emocional não atendida, e a situação só piora.

Não precisamos focar em atender todos os desejos, mas compreender a importância de acolher e validar as necessidades pode fazer enorme diferença na qualidade da relação entre pais e filhos e impactar realmente na conexão criada entre eles para o resto da vida.

Muitas vezes, um olhar de compreensão ou um abraço já é suficiente para mudar uma situação caótica com seus filhos e ter essa compreensão muda as relações familiares para melhor.

Durante meus anos de trabalho na área do desenvolvimento humano, aprendi muito sobre a infância e acabei definindo oito pilares que considero fundamentais para que os pais possam começar a colocar uma educação respeitosa em prática. Chamei esses oito pilares de **Roda da Parentalidade Positiva©**.

Roda da Parentalidade Positiva©
Uma poderosa ferramenta de transformação

Criei essa ferramenta com foco em ajudar os pais a estabelecerem uma forte relação de conexão com os seus filhos. Essa ferramenta tem trazido excelentes resultados na tomada de consciência dos pais que buscam transformar positivamente o relacionamento com seus filhos.

A **Roda da Parentalidade Positiva©** vai ajudar você a identificar os pontos de melhoria na relação com o seu filho e criar uma conexão mais profunda com ele.

A boa notícia é que você pode se autoaplicar. Apenas seja muito sincero na avaliação de cada pilar. Está tudo bem perceber que ainda tem muito a aprender.

A humildade para reconhecer nossos pontos de melhoria é o primeiro passo necessário para conseguir ter uma vida mais feliz e equilibrada em família.

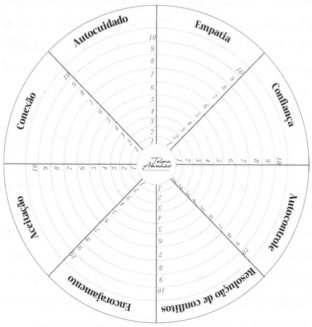

Visualize o centro da roda. Esse centro equivale ao número zero. Existem oito pilares que correspondem às seguintes habilidades: Empatia, Confiança, Autocontrole, Resolução de Conflitos, Encorajamento, Aceitação, Conexão e Autocuidado.

Você vai dar sua nota de 0 a 10 para cada pilar, em que zero é muito ruim e 10 é excelente. Marque sua nota para cada pilar escolhendo a nota desejada dentro da escala oferecida.

Você é livre para dar a nota que desejar, apenas seja muito honesto em suas respostas para ter uma resposta clara de quais pilares precisam ser melhorados.

Dedique uns minutos para preencher com atenção e responda com a nota escolhida em cada pilar

1) Empatia – quanto você está satisfeito com sua capacidade de empatia na relação com seu filho? Você consegue se colocar no lugar dele? Percebe a capacidade emocional e as limitações que ele possui para lidar com as questões do dia a dia? De zero a dez, quanto você está satisfeito com a sua capacidade de empatia?

2) Confiança – o quanto você confia no seu filho? Você acredita nele? Você confia na capacidade de realização dele?
De zero a dez, qual o seu nível de satisfação na confiança que tem nele?

3) Autocontrole – quanto você está satisfeito com a habilidade de autocontrolar-se? Você consegue sempre? Às vezes? Ou pouco? Lembre-se de que autocontrole é você escolher ter uma reação equilibrada mesmo diante as adversidades. De zero a dez, quanto você está satisfeito com sua capacidade de autocontrole?

196

4) Resolução de Conflitos – a capacidade de resolver conflitos significa que você se sente apto para lidar com situações que sejam incompatíveis ou diferentes da sua forma de pensar ou agir. Na relação com seu filho, qual o grau de satisfação na sua habilidade em resolver os conflitos entre vocês? De zero a dez, quanto você se julga capaz de resolver os conflitos entre você e seu filho de forma respeitosa?

5) Encorajamento – pilar fundamental na vida do ser humano. Você estimula o senso de capacidade e a autoconfiança em seu filho? Você o ajuda a ter motivação para enfrentar situações novas com coragem e entusiasmo? Você está satisfeito com o nível de encorajamento que você dá ao seu filho? Ou você é muito crítico e acaba desencorajando a criança? De zero a dez, quanto você está satisfeito com sua capacidade de encorajar seu filho?

6) Aceitação – você aceita seu filho como ele realmente é? Ou está sempre tentando encaixá-lo em seus moldes de perfeição? Você valoriza os pontos fortes dele? Ajuda a fortalecer os pontos fracos? Ou está sempre insatisfeito com o que ele faz e fala? De zero a dez, quanto você sente que aceita seu filho com todas as qualidades e defeitos?

7) Conexão – estar conectado é uma condição relacionada aos aspectos emocionais. Presença física não significa presença emocional. Com base nessa informação, quanto você está disponível emocionalmente para se conectar com seu filho? Você dedica tempo para ouvir o que ele tem a dizer com atenção e para prestar atenção no que ele tenta expressar para você? Você consegue deixar o celular de lado e olhar para ele, ouvi-lo com total interesse e ter um tempo de qualidade, mesmo que 30 minutos por dia? De zero a dez, quanto você está disponível para se conectar emocionalmente com seu filho?

8) Autocuidado – autocuidar-se não tem a ver com egoísmo, mas, sim, com se abastecer e cuidar da pessoa mais importante da sua vida. Você! Pais que se cuidam tendem a ser mais satisfeitos e felizes com a vida, têm mais paciência e isso reflete na relação com os filhos. Há quanto tempo você não faz algo que gosta, como uma massagem ou sair para botar o papo em dia com os amigos? Que tal acordar um pouco mais cedo para tomar um banho demorado ou um café da manhã tranquilo? Essas são algumas das inúmeras possibilidades que existem para exercitar o autocuidado. De zero a dez, que nota você daria para esse pilar?

Agora, após ter preenchido todos os pilares, você já tem um "raio-x" útil para alavancar suas habilidades e obter melhorias na relação com seu filho.

Escolha três habilidades que ficaram com a pontuação mais baixa para começar a trabalhar. Escreva-as a seguir:

Pilar 1 -
Pilar 2 -
Pilar 3 -

Siga a sequência das perguntas, escrevendo suas respostas.

1) Qual o primeiro passo que você pode dar para melhorar cada um dos pilares escolhidos?

Pilar 1 -
Pilar 2 -
Pilar 3 -

2) Quando você pretende começar?

Pilar 1 -
Pilar 2 -
Pilar 3 -

3) Que tipo de resultado espera com sua nova atitude?

Pilar 1 -
Pilar 2 -
Pilar 3 -

4) O que você fará para conseguir executar esses passos para cada pilar?

Pilar 1 -
Pilar 2 -
Pilar 3 -

5) E depois de trabalhar a melhoria desses três pilares, qual será o próximo a melhorar?

_____

_____

Com essa ferramenta, você poderá se planejar, lembrando sempre os próximos passos até atingir a plenitude desejada.

Dê um passo de cada vez, desenvolvendo a persistência e reafirmando esse compromisso diário em se aprimorar e se tornar o pai ou a mãe que deseja ser todos os dias.

Case de Sucesso - Roda da Parentalidade Positiva©

Quero compartilhar os resultados de um caso de sucesso, após utilizarmos a **Roda da Parentalidade Positiva©**, que foi o da Maria Clara e de sua filha Yasmim.

Dessa forma, poderá compreender melhor os resultados que essa ferramenta nos possibilita obter.

Estarei na torcida para que alcance os resultados desejados com seu filho porque, após identificar os pontos de melhorias que precisam ser implementados, tenho certeza de que as mudanças que deseja alcançar estarão a um passo de acontecer.

Os resultados só dependem de você colocar em prática as novas atitudes, que forem estabelecidas a partir de hoje.

Em um atendimento individual, realizei a execução da ferramenta com Maria Clara e tivemos o seguinte resultado na primeira sessão:

Roda da Parentalidade Positiva
Telma Abrahão ©

Pais que evoluem

Maria Clara chegou para a primeira sessão sem compreender bem como suas atitudes impactavam os resultados de sua filha. Sentia-se confusa sem saber como agir para melhorar sua relação com Yasmin, sua única filha. Durante a primeira sessão, obteve um ganho de auto-conhecimento evidente. Ao aplicar a ferramenta, ela fez alguns comentários sobre a forma como lidava com os desafios comportamentais da filha e percebeu que precisava melhorar em vários aspectos.

Chegou a perceber que estava cometendo erros básicos em relação à dificuldade de sua filha de fazer a lição de casa sozinha. Seus olhos se encheram de lágrimas por sua dor ao assumir as mudanças que teria de fazer na forma de lidar com sua menina. Reconheceu que brigava e era grosseira quando percebia o desinteresse da filha por aprender, e isso a deixava muito frustrada, porque por mais que tentasse, não conseguia parar de agir assim.

A mãe mencionou que gritava muito com Yasmim sempre que a menina resistia em continuar as tarefas escolares. Não percebia que poderia ajudar a filha por meio do autocontrole e do encorajamento. Nesse momento, Maria Clara se sentiu muito triste, por perceber que estava errando na forma de lidar com a dificuldade da filha. Sua prioridade, a partir daquele momento, foi de aprender a manter o autocontrole diante dos desafios da filha.

Ela se mostrou determinada, foi honesta em admitir sua dificuldade e estava disposta a mudar seu comportamento a partir daquele momento. Desabafou, considerando que perdia o autocontrole quando pensava que não havia solução. Preocupava-se muito, imaginando que a filha não tinha capacidade de aprendizado e que poderia arrastar isso para a vida adulta. Por isso, seu enorme desespero.

Maria Clara decidiu, como primeiro passo, desenvolver o autocontrole para lidar com a situação durante as tarefas escolares da filha. Mas como fazer isso? Como lembrar-se? Como fazer diferente?

Preencheu toda a ferramenta da **Roda da Parentalidade Positiva**© e definiu objetivos que seriam implementados a partir do dia seguinte, quando se sentaria com a filha para realizar a tarefa de casa. Primeiro, ela concluiu que iria abrir seu coração e conversar sobre o assunto com Yasmin. Pretendia compartilhar suas falhas, pedir desculpas e dizer que estava disposta a mudar para ajudá-la a superar suas dificuldades escolares a partir daquele dia.

Durante essa sessão, Maria Clara já estava desenvolvendo outros pilares, mesmo sem perceber. Estava evoluindo com a empatia, a conexão e a confiança na filha. Veja a importância de se autoconhecer.

Então, conforme estabelecido por Maria Clara, para lembrar-se sobre a prática do autocontrole, ela escolheu colocar uma pulseira de papel em seu pulso. Escreveu a palavra **autocontrole** naquela tirinha de papel branco, com letras na cor azul, uniu as pontas com um pedaço de durex. Ela decidiu fazer isso pela manhã, após tomar seu banho e ir trabalhar. Passou todo o tempo lembrando-se do seu compromisso de mudar a forma de lidar com a filha.

Chegado o momento, no final do dia, Maria Clara sentou-se com Yasmin na mesa da sala de jantar. Yasmin precisava de uma almofada para se posicionar melhor na cadeira. Geralmente a menina mesmo colocava, mas Maria Clara se antecipou, ajudando-a a sentar-se.

Maria Clara percebeu que os olhinhos sempre tristonhos da filha estavam presentes, mesmo com a sua ajuda. E, então, falou:

— *Minha filha, a partir de hoje eu quero fazer tudo muito diferente com você!* – *sorriu a mãe, com olhar sublime.*

— *Como assim, mãe?* – *disse Yasmin.*

— *Eu quero pedir desculpas a você pela forma que tenho me comportado diante dos nossos momentos com suas tarefas.*

Yasmin, com o rosto deitado sobre suas mãozinhas cruzadas, olhava para a mãe, parecendo não entender nada. Para Maria Clara, esse comportamento soou como se a filha não acreditasse nela.

— Eu sei que errei e não compreendi você – disse Maria Clara – mas eu prometo que, a partir de agora, você vai ter meu apoio e minha compreensão.

Maria Clara passou a mão sobre os cabelos da filha. Percebeu o semblante da Yasmin se abrir com um suave sorriso.

— Filha, quero que saiba de uma coisa!

— Sim, mamãe... – disse Yasmin.

— Que eu te amo, não importa o que aconteça, e que eu confio na sua capacidade de resolver qualquer desafio que cruze o seu caminho.

— Eu também te amo, mamãe – retribuiu Yasmin, feliz.

Maria Clara percebeu que o semblante de Yasmin havia mudado completamente, após suas palavras de conexão e encorajamento para a filha.

E Maria Clara continuou:

— Filha, eu sinto que você fica muito tensa na hora de realizar suas tarefas. Você percebe isso?

Yasmin sacudiu a cabeça positivamente. Maria Clara percebeu que a filha arregalou os olhos e apertou mais forte o lápis entre seus lábios. Logo se deu conta de que o sentimento de Yasmin de medo e insegurança se fez presente.

— Você sabia, minha filha, que quando eu era criança também me sentia assim como você?

Maria Clara contou uma história semelhante que vivenciara na escola, quando precisou lidar com cálculos matemáticos mais complexos. Relatou como ela superou essa dificuldade para a filha.

— Filha, eu sei que você sente medo quando tem de fazer a tarefa. Não é verdade?

Ela sacudiu a cabeça positivamente. Maria Clara segurou a mão livre de Yasmin.

— Eu confio na sua capacidade de aprender. E você vai ver que não é tão difícil assim! Sei que seu sentimento é de que "não consegue", mas é apenas uma sensação. Logo você vai perceber que é capaz. Tenho certeza disso!

Yasmin demonstrou um semblante animado e esboçou um lindo sorriso em seu rosto.

Elas foram seguindo passo a passo na tarefa. Nas pequenas dificuldades que Yasmin apresentou, Maria Clara demonstrou paciência e explicou da forma mais simples para que Yasmin compreendesse. Naquele dia, a tarefa foi concluída de forma mais leve e tranquila e Yasmin parecia aliviada e mais confiante. Foi assim que Maria Clara concluiu a tarefa junto a Yasmin, pontuando seu sentimento de capacidade e dizendo palavras de encorajamento para a filha.

As duas tiveram um momento especial. Maria Clara percebeu que o desempenho da filha naquele dia tinha sido melhor e a disposição era superior aos dias anteriores. Seguiram muitos dias com o mesmo propósito. Maria Clara não perdeu o foco e realmente conseguiu modificar seu comportamento com a filha.

Na sessão de atendimento posterior, Maria Clara pôde compartilhar comigo todas as mudanças positivas que tinham acontecido no espaço de uma semana e estava muito agradecida pela tomada de consciência e mudança ocasionadas após o uso da ferramenta.

Eu pude reforçar que todo esse potencial de mudar suas atitudes já existia dentro dela como mãe e que poderia usar com a filha sempre que necessário, não somente em relação às tarefas escolares, mas em todos os contextos do cotidiano.

Depois do processo de atendimento, Maria Clara me enviou um *e-mail* contando que Yasmin já estava fazendo as tarefas sozinha, motivada por seu próprio desejo de aprender. Muito animada, a filha corria para mostrar os seus trabalhos escolares e recebia de Maria Clara um acalorado abraço, cheio de palavras de incentivo.

E qual foi a pequena mudança, mas que fez uma grande diferença?

Maria Clara finalmente conseguiu ajudar sua filha. De forma consciente e amorosa, ela encorajou a filha a confiar em sua capacidade de aprendizado e praticou essa habilidade com menina até que Yasmim percebeu na prática que realmente era capaz. Quando a mãe se conectou consigo, ela pode também se conectar à filha e praticar a empatia e a aceitação, dois pilares tão necessários para uma sincera e profunda relação entre pais e filhos.

Com isso, Yasmin tornou-se verdadeiramente confiante em si. Sua autoestima se elevou e melhorou também os seus relacionamentos na escola, demonstrando que por trás de crianças que confiam em si mesmas existem pais que confiaram nelas primeiro.

Você pode aprender a fazer diferente!

Com esse "case" de sucesso, fica mais fácil perceber que criar a conexão com seu filho é, sim, possível, porém as mudanças desejadas precisam começar por você.

Uma criança não tem a capacidade de compreensão de um adulto. No caso de Yasmim, as atitudes duras da mãe reforçavam que a menina se sentisse incompetente, incapaz, e isso poderia se perpetuar ao longo de sua vida se sua mãe não tivesse tomado consciência e mudado sua forma de agir.

Foi indispensável a conexão emocional estabelecida entre mãe e filha. Maria Clara demonstrou que Yasmin não estava sozinha. A tomada de consciência da mãe, assim como o seu desejo de aprender a fazer diferente, mudou completamente uma relação que poderia ter sido negativamente impactada sem isso.

Vamos criar filhos que não precisarão se curar de sua própria infância

Como pais, queremos ter certeza de que nossos filhos sairão pela porta da frente em direção ao mundo preparados para alçar um grande voo e seguros para fazer boas e importantes escolhas durante a vida. Principalmente, desejamos deitar a cabeça no travesseiro com a certeza de que fizemos o nosso melhor no momento em que nos cabia fazer, porque quando nossos filhos crescem só nos cabe assistir ao espetáculo de suas vidas de longe, não mais como "pilotos", mas, sim, como "copilotos", nessa linda estrada que um dia nos uniu. Caminhos que, pelo amor, estarão para sempre conectados, mas que serão trilhados separadamente. E como dizia Madre Teresa de Calcutá, com suas sábias e profundas palavras:

"Ensinarás a voar... Mas não voarão o teu voo.
Ensinarás a sonhar... Mas não sonharão o teu sonho.
Ensinarás a viver... Mas não viverão a tua vida.
Ensinarás a cantar... Mas não cantarão a tua canção.
Ensinarás a pensar... Mas não pensarão como tu.
Porém, saberás que cada vez que voem, sonhem, vivam,
cantem e pensem...
Estará a semente do caminho ensinado e aprendido!"

Que possamos deixar boas sementes nessa breve passagem por aqui.

Seja você a luz que iluminará o destino de sua família. Que mudará o rumo dessa e das próximas gerações. Vamos deixar filhos que não precisarão se curar de sua própria infância. Crianças que se tornarão adultos fortes, capazes, seguros de si, que respeitam a si e o próximo, que sejam amados, prósperos e felizes. Adultos melhores nas famílias, na sociedade e no mundo!

Faça a sua parte!

REFERÊNCIAS

BERNE, Eric. *Games People Play: The Basic Handbook of Transactional Analysis*, 1996.

DREIKURS, Rudolf, SOLTZ, Vicky. *Children the Challenge*, 1964.

DWECK, Carol. *Mindset.*

FERGUSON, Eva Dreikurs. *Adhlerian Theory: An introduction*, 1984.

HENSON, Robin K., RAY, Dee C., TAYLOR, Dalena L. Dillman. *Development and Factor Structure of the Adlerian Personality Priority Assessment.* Disponível em: <https://www.assessmentpsychologyboard.org/journal/index.php/AAP/article/view/65>. Acesso em: 01 de jun. de 2020.

LEDOUX, Joseph. *The Emotional Brain: The Mysterious Underpinnings of Emotional Life*, Paperback, 1998.

MARILLAT, Karl Dawson & Kate. *Transform Your Beliefs, Transform Your Life: EFT Tapping Using Matrix*, Reimprinting, 2014.

MERZENICH, Michael. *How the New Science of Brain Plasticity Can Change Your Life*, 2013.

NELSEN, Jane, NELSEN, Mary, AINGE, Braid. *Positive Discipline.* Parenting Tools, 2016.

PERRY, Bruce D. SZALAVITZ Maia. *The Boy Who Was Raised As A Dog.* 2 ed, 2017.

_____. Bonding and Attachment in Maltreated Children - Consequences of Emotional Neglect in Childhood in: *The ChildTrauma Academy.* Disponível em:< https://7079168e-705a-4dc7-be05-2218087aa989.filesusr.com/ugd/aa51c7_a9e-562d294864796bdd5b3096a8d8c86.pdf>. Acesso em: 29 de mai. de 2020.

SIEGEL, Daniel J. BRYSON, Tina Payne. *The Whole Brain Child*, 2015.